The Building Blocks of a Republic:
When Blind Populism Meets Deliberative Democracy

理想國的磚塊

當盲目民粹遇到審議民主

作者 朱雲鵬 王立昇 吳中書 鄭睿合 吳建忠

推薦序 劉兆玄 趙維良 謝邦昌 余致力

五南圖書出版公司 印行

推薦序

一磚一世界

劉兆玄
前行政院院長

民國100年12月初，中華文化總會、中央大學和台大人文社會高等研究院在台北合辦了「王道文化與公義社會」研討會。在那個會上，我第一次接觸到「審議式民主」這個具有啓發性的議題。會中朱雲鵬教授發表的文章是「具王道精神的審議式公共選擇機制」，另外由朱教授推薦而受邀前來的澳大利亞迪肯大學何包鋼教授，則發表了「協商民主和協商治理」一文。

透過這個機緣，我瞭解到不但西方若干國家正在嘗試這個模式，連對岸浙江省溫嶺市的澤國鎮也開始用這個方式徵求鎮民的意見，來定出當地公共建設的優先順序。台灣稱爲審議式民主的這個機制，在大陸被稱爲協商式民主。當初該鎮就是透過何包鋼教授的介紹，邀請推動此方式的美國史丹福大學費什金（James Fishkin）教授，親自去指導整個過程的設計和執行。

費教授的審議式民意調查，其精華在於用隨機抽樣的方法，讓團體成員聚在一起，接受專家簡報，進行小組討論，再由小組對專家提出問題……如此經過兩輪之後，成員對於議題的內容有了相當深入的瞭解，然後就透過問卷調查，探知與會成員的意

向。這樣的民意調查，是受訪者經過了對問題有較深入瞭解的過程，然後形成的意見，和一般民意調查不同。而依據統計學原理，隨機抽樣只要樣本達到一定規模，就可以忠實地反應母體。

很高興看到朱教授和其他幾位專家，把審議式民意調查模式在台灣舉辦過的幾次活動，詳細地紀錄在本書中。也很高興看到吳建忠教授，詳細地把澤國鎮和其他參與類似實驗的大陸城鎮的經驗，介紹給我們。

不可諱言地，西方的民主制度，走到現在，的確出現了很多警訊。如何讓民主優質化，是台灣也是全世界都必須面對的問題。建立一個符合民本精神，又不會造成國家和社會失序的民主制度，是一個複雜而困難的議程。但我相信，天下無難事，只怕有心人。希望如本書書名所示，大家都往這個方向努力，一人砌一塊磚，如此我們有一天或可看到「理想國」的出現。

推薦序

理想的公共治理模式

趙維良

東吳大學副校長兼巨量資料管理學院院長

　　理想公共治理模式是什麼？已有許多專家學者討論過，本書主要的目的在於介紹審議式民意調查在台灣和中國大陸的最新實驗。投身教育界的我對於第二章所介紹「十二年國教基北區家長論壇」的論述印象最為深刻，書中提到：政府在實施十二年國教時，同時要重新規劃高中的入學制度。有一派的看法是未來應當消滅明星高中，讓高中和國中一樣社區化，另外一派的看法是為維持我國人才的競爭力，大學入學應維持其競爭性，此時如果消滅公立明星高中，只會創造更多的私立明星高中，對於社會階層的流動反而不利。贊成前一派看法的人士，主張公立高中特色招生，也就是透過競爭性考試入學的名額應當逐年遞減，如果有超額需求，就用抽籤決定。主張後一派看法的人士，則持相反看法，認為入學制度雖可以加重學業以外表現的權數，但當這些其他表現相當時，還是應當以學科考試成績決定高下，堅決反對抽籤。

　　上述兩者意見各有不同立場，適合用審議式民調的方法來處理。個人認為雖然各種審議民主發展出不同的實務方法，但是它

們都擁有共同的特點。首先，它們都確認了在公共議題中，需要有更多元的公民參與，並且不只是專家和政治工作者；公共討論應該對法律、政策、大眾行為、知識、態度以及文化實踐產生影響。即使在代議民主當中，審議民主仍然應該扮演促進公共對話與審議的角色，以使公共議題能尊重更多元的利益與價值。雖然審議民主仍有許多爭議，不過其提供了在信仰、價值、文化與生活經驗多元差異下，尋找解決方案的可能。

　　朱雲鵬教授為本校講座教授，也是國內著名經濟學者，在社會上享有崇高聲望，歷經產、官、學各領域的經歷，書中的論點最後討論到審議式民意調查的未來潛力，描述一個類似審議論壇的模式來系統性地蒐集團體成員意見，形成改革議程的有效方法。作者所提出的方法不只對於企業內部適用，相信對於學校在做出重要決策時，也應該一樣適用。

推薦序

見微知著

謝邦昌
台北醫學大學管理學院院長

　　在現在這樣一個資訊爆炸的時代，我們可以選擇的方法有很多種，無論是傳統面訪、電話訪問、大數據分析，每種方法都有其專屬的優劣之處，重要的是如何依照情勢來設計適當使得要推論母體能被涵蓋調查到的調查方法。

　　統計學與人生處世法則息息相通。統計學上最常被應用的專案，即平均數、變異數、隨機抽樣及常態分配。就其個別特性觀之，深深覺得它與我們為人處世的道理，旨趣相通。

　　如本書提到之隨機抽樣之代表即「見微知著」。古代農業社會大家庭的農婦，為了要知道大鍋飯是否煮熟了，往往是在鍋裡任意抓起一小撮嘗嘗，若那一小撮熟了，就代表那一鍋飯全都熟了。又如廚師烹菜，取一勺湯嘗之，即知全部菜的鹹淡。此即是隨機抽樣具有代表性的真義。人生在知人方面，從任何人的一些言行格調中，即可知其人之學養品德的高下；在做事方面，即做此一事可推見其餘之事；為學亦然，論語云：「聞一以知十」、「舉一隅，以三隅反。」即是最好的說明。

　　統計乃是從眾多複雜現象中廣泛蒐集資料、整理分析、歸

納、大量觀察的一種科學研究方法，它可以探尋各種現象的特性
及其相互關係或變化法則，循此法則，可以推測其變動趨勢，再
從不確定中作出決策。故其應用範圍廣泛，舉凡政治、經濟、軍
事、科技、社會等各方面，均須借助統計作為研究分析之基本工
具。若缺乏精確的統計資料作為決策依據，則猶如瞎子摸象，一
切施政難以切合國家與人民的實際需要，甚至完全脫節，致使國
家的進步與發展產生困難。由此可見統計與國計民生關係密切之
一斑。

推薦序
為台灣增添理性成分

余致力
世新大學行政管理系教授
台灣透明組織顧問團召集人

　　民主政治的發展，是人類智慧的結晶，也充滿了對於打造出一個理想國的殷殷期盼。然而，時至二十一世紀，全球民主國家許多民眾似乎並未感受到民主政治所帶來的幸福、快樂、善良與公義的生活，反而是產生了期盼與現實有所落差的民主赤字（democratic deficit）。

　　民主赤字產生原因之一，乃是未能兼顧優質民主的兩個重要價值：平等參與（equal participation）與審慎思辯（deliberation）。平等參與價值的體現，是希望人人有權參政，有表達意見，參與決策的機會。而審慎思辯的意涵，則是指參與決策者能對於不同政策選項的正反意見與利弊得失，有認真思考和相互討論的機會，以期政策抉擇能是深思熟慮後的理性產物。

　　為了追求平等參與，過去民主發展的趨勢，是朝向更直接的民主，在政府決策過程中擴大參與。這樣的方向雖然促進了平等參與價值的追求，但在同時卻降低了審慎思辯的精神。直接且更

廣泛的民眾參與，除了有理性無知（rational ignorance）的問題外，也使得民眾對於投票與表達意見有過高的義務感，即使原本沒有意見，也會在未經深思熟慮下，為了投票而投票，為了表達而表達。在這種情形下，部分公民投票或民意調查所蒐集的政策意見，可能與經過審慎思辯後的民意有所差距，未必就是制定良善政策的依據。

本書參考了美國學者詹姆斯·費什金（James S. Fishkin）教授所創建的審議式民調（deliberative poll），對如何兼顧審慎思辯與平等參與的價值，從理論思考與政策實作兩方面，作了詳細的介紹與深入的探討，是一本非常值得推薦的科普書籍。古希臘哲學家亞里斯多德曾倡導：「政治就是不斷說服、價值反省、謹慎判斷、以及觀念分享的理性過程。」期待本書的出版能為台灣未來的政治過程，添加一些不斷說服、價值反省、謹慎判斷與觀念分享的理性成分。

作者序

　　人是群居的動物，而群居就會有團體治理的問題需要解決。

　　西元前 380 年左右，柏拉圖完成了他的《理想國》，藉由蘇格拉底等人的對話，描述出一個他們認為最理想的治理模式。

　　從該書問世到現在，長達近兩千四百年，人類仍不斷在搜尋最好的治理模式。兩千多年間，西方也好，東方也好，曾經出現過當時被許多人認為是合乎理想的制度，也因而曾有人說「歷史已經終結」。但後來主客觀情勢改變，原先以為理想的，看起來又出現問題。似乎只要歷史不停地在科技、環境、經濟、社會和政治各個環節上，出現轉變，搜尋理想制度的努力也沒辦法停止。

　　本書自喻為一塊磚，意思是理想制度所涵蓋的範圍很大，本書所介紹和描述的治理方法，只是一種可能可以被考慮的元素。如果建立一個理想國需要一萬塊磚，本書所說的方法，或許可以作為其中之一。

　　本書所描述的「審議式民意調查」，是在相對沒有選任的（政治）代表，也沒有媒體做為「中間人」的情況下，讓代表性公民

有機會對某一議題做較深入瞭解、向專家請教、彼此討論，而後每位公民形成他個人的意見。

　　這種模式，最早由美國詹姆斯・費什金（James S. Fishkin）教授所倡議，後來在美國、歐盟、中國大陸各地均曾試辦。

　　本書的主要內容，是介紹台灣曾經舉辦過的類似模式實驗，以及對岸浙江省溫嶺市例行舉辦此模式，來決定鄉鎮公共建設預算優先順序的實驗。

　　各種制度互相競爭，有時共同進步，有時造成衝突。我們希望人類盡量往共同進步的方向走。如果有一些基本的治理項目，是透過同樣這種機制來運行，即使其他制度要素不同，畢竟也就出現了人類制度的共通點。這也許對於兩岸的良性競爭、共同進步，會有所助益。甚至，對於全球不同「陣營」國家間的良性互動，也會有所助益。這是我們撰寫本書的目的。

目 錄

（ 第一章 ）

人類群體
對理想公共治理模式的追尋

朱雲鵬[1]

第 1 節 城邦、國家、企業面臨的共同問題：
團體治理

　　人是群居動物。一旦群居，勢必面臨規範群體生活的治理問題。從古代的部落，到城邦，到現代的國家，從早期的氏族團體，到行業聚合，到近代企業，都必須面對這個問題。

　　古希臘哲學家柏拉圖寫《理想國》，是從城邦的角度，來探討最佳治理模式，而他心目中的城邦大小，是 5,040 位公民。[2] 當然，依照當時，也就是西元前第四世紀雅典的實況，大約有十餘萬公民及其家人，另有約 2 萬 5 千邦外人士和至少 20 萬的奴隸。所以，在柏氏的心中，就「理想國」而言，顯然雅典還太大。[3]

　　柏氏應當沒有辦法預見，西方在他之後的馬其頓、羅馬帝國和東方的帝國，以及 15 世紀以後興起的近代國家，其規模比 5,040 人大出很多；他當然更不可能預見，後世出現的企業團體，從最小規模的家族企業開始發展，到現在大規模的公司，其成員人數可能超過一個國家；例如：沃爾瑪全球雇用了約 200 餘萬人，而富士康（鴻海）雇用了約 120 萬人。[4]

　　本書所稱「理想國」，是引用柏拉圖的書名，來探討群體治理模式。群體治理模式有許多層面，而且不同種類的團體，所需要處理的層面也有所不同；本書主要推介的「審議式民意調查」，是群體治理全盤制度中一個可以被考慮的單元，好比磚頭是整棟建築的一個單元，故書名定為《理想國的磚塊》。

　　在本書中，我們將從歷史的角度，來探討這個群體治理方式的由來。我們也將舉出晚近採行過這個制度的案例，包含實驗活動和真實應用，其主體涵蓋人民團體、企業和城鎮，其地點則跨越台灣、中國大陸和其他地方。

第 2 節　歷史終結了嗎？

　　西方從國家政治制度角度，來看群體治理，柏拉圖的《理想國》應當是重要的經典之作。

　　柏氏寫該書的時候，雅典民主的黃金時代已經過去，走向沒落。同樣位於希臘半島但實施寡頭政治、全民皆兵的斯巴達，在一連串的戰爭中，逐步把雅典所建立的城邦聯盟瓦解。到了西

元前 404 年，雅典投降，被迫拆除城牆、裁撤海軍、放棄所有海外領地。斯巴達沒有把雅典人民貶爲奴隸，但脅迫雅典接受一個「三十人執政團」所領導的政府。這個政府鎮壓支持民主政治的人士，大肆屠殺，造成全邦驚恐。

三十人執政團在一年多後被政變推翻，民主政治回到雅典，但黃金時代沒有回來。在言論上質疑並挑戰包含民主在內各種既有觀念的蘇格拉底，在西元前 399 年，還因「對神不敬」及「迷惑年輕人心靈」罪，被公民組成的審判團處死。七十歲的蘇格拉底，在和家人與弟子道別後，喝毒藥而亡。

蘇格拉底是柏拉圖的老師，也是《理想國》對話式內容所引述言論占主要篇幅的人物。該書中所描述的理想治理模式，是由受過嚴格教育和經驗養成而獲選拔出線的哲學家，來擔任統治者，而非由公民大會做決策。但統治者和軍人這兩個被禮遇的階級，不能有自己的家庭，也不能有自己的財產，以防徇私；後世的研究者把這種制度稱爲「公妻」和「共產」制。柏拉圖很清楚，這種「理想」在現實上很難實現；退而求其次，斯巴達的寡頭統治，在他眼中比民主政治更接近理想治理模式。

不過，歷史的演進很難預測，經常跟著歷史腳步走的政治思想言論，也隨之改變。斯巴達的霸權只維持了十六年，就被底比斯挑戰，其後一連串的內戰削弱了各城邦的國力，造就半島邊緣的馬其頓崛起。西元前 338 年馬其頓大敗底比斯和雅典的聯軍，取得決定性的勝利。到了亞歷山大大帝時代，馬其頓還建立了橫跨歐亞的帝國。

後繼馬其頓帝國而起的，是義大利的羅馬帝國。在起始階段，羅馬重視法律，也重視國王、貴族和公民間權力的平衡，但隨著版圖的擴大，從渥大維開始，逐漸趨向於皇帝集權。有時皇帝不傳位給自己親子，而是傳給養子，故有「傳賢」的味道；這種繼承方法在西元第二世紀安東尼（Nerva–Antonine）皇朝所謂「五賢帝」期間特別成功，造就了羅馬帝國的極盛時代。

五賢帝最後一位是馬可‧奧理略（Marcus Aurelius），他不但是皇帝，也是思想家。[5]法國的史學家圖夏爾（J. Touchard）說，馬可‧奧理略的言論明白彰顯他有「歷史已經終結」的想法，意思是最好的政治制度已經確認 —— 就是像羅馬這樣的帝國體制；今後政治制度的演進或選擇不再重要，重點應當在於如何繼續保存現有的制度。[6]

從事後看來，歷史不但沒有終結，其變化超出想像。從羅馬到中世紀、宗教革命、近代國家興起、英國的光榮革命、工業革命、法國大革命、美國獨立、兩次世界大戰、到其間的俄國共產革命、共產黨統治中國大陸、冷戰、冷戰的和解、柏林圍牆的倒下，再到1991年蘇聯的瓦解。

蘇聯瓦解後兩年，美國一位學者福山出了一本書，名為《歷史之終結與最後之人》，其意義和羅馬皇帝馬可‧奧理略當時的想法一樣，就是最好的制度已經勝出，以後不必再談政治制度的演進和選擇。有所不同的是，馬可‧奧理略以為「賢君帝國體制」是歷史的終結，福山則認為歷史終結於資本主義和一人一票的民主制度。

　　到了現在，也就是經過了二十餘年，眼看世界各國政治制度
和經濟情勢的轉變，學者又開始懷疑歷史是否已經終結。如果歷
史已經終結，爲什麼許多採用一人一票民主制度的國家，陸續發
生貧富差距擴大、債台高築、經濟泡沫乃至接近破產的地步？例
如：引發 2008 年金融海嘯的美國，就是一人一票的民主國家；
2012 年歐債危機時，面臨國家破產而幾乎脫離歐元的希臘，債台
高築的西班牙、葡萄牙和義大利，也都是一人一票的民主國家。

　　許多人指出，一人一票的選舉制度發展至今，產生一些難解
的問題，包含：一、在媒體煽情的助威下，是否走向民粹政治？
二、政治人物的首要技能在於表演——不論是首長或民意代表皆
致力於此，民主政治應有之理性討論程序是否付之闕如？三、是
否短期救急政策凌駕於長期發展政策之上，導致國家債台高築，
終至瀕臨破產？四、雖然一人一票，眞正有政治影響力的是否只
限於少數家族和團體，所以表象爲民主，實際爲寡頭政治？[7]

　　一人一票的民主制度可否加以改進，來克服這些現象？有沒
有其他的制度可供學習或選擇？這些制度最後會朝同一方向演進
嗎？這些都是還沒有解答的問題。看來，歷史可能沒有結束，還
會繼續演進下去。

　　國家如此，人民團體和企業也是一樣。對於規模較大、股
權十分分散的上市公司而言，其股東大會也是由（股權）投票決
定政策；如何有效監督管理團隊，落實股東利益，一樣有治理問
題。沒有哪一種制度，已被歷史公認爲最佳的公司治理模式。即
使同屬股份有限公司，不同類公司的理想治理模式可能也不同；

跨國企業在不同國家的分公司，其治理模式可能也不相同。在這裡，歷史更沒有結束，還會演進下去。

第 3 節　從民主到民粹

民主國家治理問題的核心，在於「盲目民粹」的盛行。如何形容「民粹」這兩個字？很多人曾經給了不同的詮釋，其中一位美籍印度裔經濟學家普拉納布‧巴丹（Pranab K. Bardhan），在其所著《覺醒的泥足巨人》（*Awakening Giants, Feet of Clay*，2012）一書中的描繪，引人深省。在該書的最後一章，他指出了印度民主制度的十二個盲點：

一、**競爭性民粹**（*competitive populism*）：「用短期甜頭討好選民……公用道路、電力、灌溉很難收費，導致這方面投資低落。」

二、**侍從主義**（*clientelism*）：「選民支持和給予特定個人或團體預算利益形成對價關係，與廣大的公共利益脫節。特定族群或種姓享有公共職位的一定數目，但最後只讓這些弱勢族群中的少數菁英份子獲利，他們占在位子上當作整個族群的裝飾。」

三、**欠缺審議**（*lack of deliberation*）：「議會變成喊口號、叫囂以及誇張演出的場所，立法的程序淪為次要，真正的討論根本沒有。許多重要法案沒經過什麼辯論，甚至不到一小時以內就草草通過。」

第一章
人類群體對理想公共治理模式的追尋 023

四、**群眾動員**（*popular mobilization*）：「包含執政黨在內的各政黨，動輒聚眾遊行來展現政治實力，以人數眾多導致都市生活癱瘓為傲。」

五、**決策死結**（*decision deadlocks*）：「經常發生，重大的政治和經濟成本從而產生。」

六、**不負責任的反對黨**（*irresponsible opposition*）：「反對黨即使不負責任也無人追究，例如：站出來反對當他們是執政黨時所支持的政策。」

七、**從爭端中獲利**（*fishing in troubled waters*）：「政治投機份子有許多機會可以故意製造話題，以族群、地區或宗教之不同來分化選民──挑起族群的恐懼和焦慮往往是有效的動員工具。」

八、**習慣性反對現任**（*anti-incumbent*）：「印度選民和美國選民相比，似乎直覺性地反對現任者，不論政績如何。」

九、**選舉頻繁政策短視**（*frequent elections and short-sightedness*）：「在任何時點，離下一次的某種選舉都不會太遠……短期考量最優先。政策追求民粹式的快速止痛，忽略可持續的基本結構改善。」

十、**公共服務品質下降**（*degradation of the quality of services for common people*）：「有錢人愈來愈由私設機構取得原本屬於公共領域的服務（如教育），一般民眾所能得到的公共服務愈來愈有限，其品質則日益低落。」

十一、**地方民主虛弱化**（*weak local democracy*）：「地方政府的

主要功能，在於把中央政府設計、贊助和交辦的政策所產生
的利益，導引到他們所希望的方向或特定團體去。許多地方
政府無財力、沒被授權，或者無能力執行地方自發性的公共
建設計畫……經常有挪用經費，或讓非目標團體成員享用服
務的情況。」

十二、公共決策無力跳脫民粹（*failure of collective action to over-
come populism*）：「民粹阻卻長期投資但無法被克服的無
力感……行政及政策決策程序的過度政治化……法院塞車、
警察貪腐及人際關係掛帥的政治運作使得『法治』成為笑
柄……這些都繼續在傷害經濟成長，也不利於解決仍然廣泛
存在的貧窮問題。」

以上這十二點，明顯可用一個名詞來做涵蓋性的描述，就
是「盲目民粹」。在盲目民粹當道的時候，專業和代議政治的本
質幾乎不存在，所有政治人物都在鏡頭面前表演給一般民眾看。
其結果往往是只有表面、沒有真相，只有謾罵、沒有討論，只有
今天、沒有長期，形成集體選擇（collective choice）弱智化的傾
向。[8]

對企業而言，同樣的情況也可能發生。例如：敵對方欲收購
股權分散的公司時，會想盡辦法獲得一般股東的支持。可能被訴
諸的手段包含召開記者會、丟出具聳動性但不一定為真的議題、
刊登媒體廣告、高價取得「購買」委託書的通路等。公司現有經
營階層作為防守方，可能鼓勵員工走上街頭，展現排斥併購的向

心力。整個過程，也可能有盲目民粹的痕跡。最後做出來的選擇，也可能出現弱智化。

第 4 節　審議式民調提供了一盞可破除盲目民粹的明燈

　　要如何破除盲目民粹的魔咒？或許我們可以從美國的陪審團制度獲得一些靈感。陪審團的成員，是從當地公民隨機抽樣所產生的樣本而來，他們要參與整個審判過程，而後下出有罪或無罪的結論。如果抽樣產生的陪審團成員，詳細聽取雙方辯論，加上成員彼此的深入討論，最後可以做出（在大多數情況）合理的決定，為何同樣的機制，不能用於決定公共政策？抽樣而來的公民，經過學習、觀察和深入討論的過程，為何不能做出理性的決策？沒有「媒體」在中間，當然也就沒有了表演的必要和可能性；沒有「代議者」在中間，也就沒有代議者和選民之間目標不一致的問題[9]；回歸「民主」的原始風貌，有何不可？

　　依循著這個思路，就可以在文獻的瀏覽中發現，史丹福大學詹姆斯・費什金（James S. Fishkin）教授所創立發展的「審議式民意調查」（Deliberative Polling[10]；詳 Fishkin, 1991；以下簡稱「審議式民調」），恰好就是以上想法的具體呈現。[11]

　　費氏的方法是先取一個具有代表性的隨機樣本，並針對某特定議題做第一次民調（此稱「前測」問卷調查），然後邀集樣本成員在一個地方舉行審議會議，共同討論特定議題；與會者會收

到平衡性的簡報資料以利討論。參與者隨機分成小組，在專業主持人引導下進行討論，並形成相關問題；這些問題隨即在大會中由不同陣營的專家回答、辯論，並和參與者一起討論。在一連串的討論結束之後，這個樣本的參與者針對同樣的問題再被詢問一次意見（「後測」問卷）。結果顯示意見轉變的話，就表示被抽出來的代表性民眾在有機會較充分瞭解議題資訊之下，做出不同的選擇。

審議會議的詳細程序如下：

一、主辦單位就事先所發放、不同意見平衡陳述的書面資料，以及本次會議程序，做完整的說明。（統一進行）

二、公民進行隨機分組，而後在分組會議由工作人員指導下，每人均發言，形成要請教專家的問題，同時推舉等一下要代表報告分組問題的成員。（分組進行）

三、專家答覆各分組所提問題，同時也回答當場提出之新問題。（統一進行）

四、再次進行分組會議的討論，讓參與者形成其各自的意見與看法，並產生新一輪的問題。（分組進行）

五、再次舉行大會，由專家回答新一輪問題，也回答當場提出的其他問題。（統一進行）

六、主辦單位對參與者就之前第一次民調所提之相同問題，進行問卷調查（後測），瞭解經過審議過程後公民代表的偏好。

七、比較前測、後測問卷調查的結果，並將此結果連同全部活動紀錄送交參與者、委託機構、相關決策機關或媒體。

　　為了執行上述步驟，審議模式的籌備流程通常包括：

第一、主辦單位建構議題：建構政策選項或不同的行動方案，讓公眾能夠審議不同方案的選擇，同時思考並決定該怎麼做才能解決問題。

第二、籌組諮詢委員會：由不同立場的人士共同組成諮詢委員會，針對審議式民調的重大事務進行討論，包含審查將於事前發放給與會者的書面資料，以及監督會議籌備工作的進行。

第三、邀請參與者：由公民人口中抽取樣本，針對會議所要討論的議題，進行民意調查，並邀請其來參加會議。

第四、提供閱讀資料：以容易閱讀的方式，提供平衡的觀點和充分的訊息，介紹各種不同政策選項和行動方案的內容及正反意見，讓審議活動的參與者瞭解不同政策選項的利弊得失。

第 5 節　公民由隨機抽樣參與公共決策始自雅典時代

　　事實上，以隨機抽樣選取公民的模式，就是古典希臘時代雅典民主常用的模式。不但法庭審判團的成員來自抽樣，大多數的官職也來自抽樣。

　　在我們這個時代，隨機抽樣通常用電腦的程式來處理。在那個西元前五世紀的時代，如何抽樣呢？ Fishkin（2014）指出，當時有一種石頭做的抽樣機，叫做 kleroterion，在雅典的古安哥拉博物館中，還展示其部分的殘片，如相片 1-1 所示。

　　這個機器怎麼運作？用圖 1-1 來解釋比較清楚。在一個審判

要進行之前，所有當天輪值可擔任審判人員的公民，均需到法院門口報到。這些人來自雅典的部落，每個人都攜帶了一個金屬做的個人名牌。在法院門口，這些人把他們的名牌，分別投入有標示部落名稱的籃子裡。我們假設部落的總數是十個。

負責抽樣的人，到了現場，在眾人面前，先把第一個部落籃子裡，所有的名牌，以隨機順序插入圖 1-1 的石板中的（垂直）第一行空隙中，接著將第二個部落籃裡的名牌，以同樣方法插入第二行的空隙……依此類推，直到所有名牌都插入其應當所屬的部落行裡；圖中石板共有十行，表示當時有十個部落。然後，此人會準備好一堆大理石球，有黑色的也有白色的，混在一起投入石板上方的漏斗中，讓球隨著漏斗滾下；漏斗底部的洞口設有一個開啟或關閉的裝置。這位負責抽樣的人，就一次放一顆球出來；如果第一顆球是白色，表示（水平）第一列的十個人被抽中了，要留下來擔任審判團成員；第二粒球如果是黑色，表示第二列的人沒有被抽中，可以解散回家……依此類推。

在那個時代，審判團預定要抽出的成員人數經常在二百人以上，所以通常是許多塊石板同時抽，而且同一塊石板也可重複使用。不過，不論哪一塊石板，抽樣的方法都是一致的。

相片 1-1　雅典時代 kleroterion 的形狀

資料來源：Marsyas (Own work) [CC BY-SA 2.5 (http://creativecommons.org/
licenses/by-sa/2.5)], via Wikimedia Commons, from https：//com-
mons.wikimedia.org/wiki/File%3AAGMA_Kleroterion.jpg。

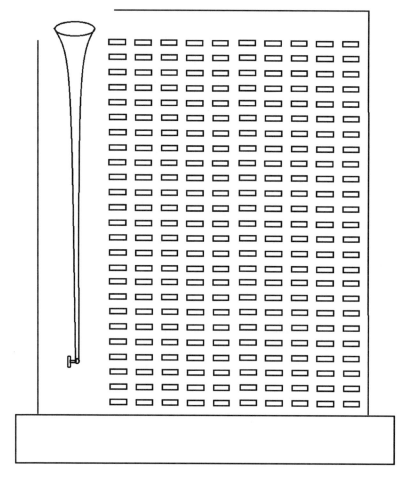

圖 1-1　雅典時代 Kleroterion 抽樣機的全貌示意圖

來源：作者自繪

第 6 節　不同態樣的民主改善機制：公民共識會議
　　　　　和參與式預算

　　當然，審議式民調只是民主改善機制的提議之一。1990 年代以來，西方開始出現各種改進民主制度、遏止盲目民粹、遏止寡頭政治傾向的新想法。

　　在美國加州，一個非營利團體博古睿研究院（Berggruen Institute）於 2010 年成立了「加州長期思慮委員會」（Think Long Committee for California），試圖對於被財政赤字、諸多公民投票議案和各種利益團體關說所癱瘓的加州治理，提出可長可久的改進方案。方案之一，在於增加公民投票制度的透明度和彈性：公民投票案的提出，必須揭露蒐集簽字的財務支持來源，而且在提出的過程中，需經過審議，讓原始提案人、審議者及議會有很多的機會，可以達成修改的協議，使其更具可行性。2014 年 9 月，加州通過「公投議案透明法」，大致採行了長期思慮委員會的提議。[12]

　　此委員會另外一個提議，是地方性的公共議題，應大量採用慎議或審議式民主（deliberative democracy）來獲得代表性民眾的意見。[13] 委員會所說的這個審議式民主，就是 1990 年代在美國和若干歐洲國家逐漸興起的一股重要民主新思潮——試圖透過制度設計，補強代議民主的不足，減少直接民主的盲目性，增加其決策的知識性與理性，而費什金的審議式民調，就是這個大方向下的一個重要支流。

　　除了審議式民調外，其他被討論及試辦過的相關方式至少包含共識會議（consensus conference）和參與式預算（participatory budgeting），以下分述。

一、源自丹麥的共識會議

　　「共識會議」是在丹麥所發展出來。丹麥強調共識政治與公民參與，凡是牽涉到倫理與社會議題的科技政策，在決策之前都必須要徵詢公眾的意見。丹麥科技委員會便應運而生；它的重要任務之一，便是鼓勵公眾參與討論科技議題，而一個重要的參與機制，就是共識會議。[14]

　　共識會議比較重視討論過程，而非成員選擇的隨機性。如果會議成員只包含一般公民，在多數例子，是委託民調單位以抽樣方法選出公民，然後舉辦者發信給這些公民，邀請他們來參加會議。主辦單位再從回信者中，依性別、年齡、地區等分配原則，選擇出最後決定邀請的參加者。至於政治人物、媒體工作人員還有與討論議題有直接關係之團體成員，因為有其特殊身分、任務與立場，均不被看成是一般公民。

　　會議成員需先參加兩個週末的「準備營」。主辦者會將一套不同立場平衡展現的資料給參加者閱讀，也會介紹會議程序。主辦者另外會準備一份對所討論議題有研究、立場不同的專家名單，並在準備營中，讓與會公民決定要邀請誰來出席共識會議、回答問題。

　　然後共識會議開始舉行，為期二到四天。一般公民向不同立

場專家請教問題，聽取回答；他們彼此之間也進行討論。他們最
重要的任務，是與會公民要擬定一份大家可以接受的報告，其中
包含意見展現、立場說明，以及政策建議。在會議的最後一天，
與會公民就此文件與決策者做面對面的溝通和討論。

從 1987 年以來，丹麥科技委員會已經針對各類議題舉辦了
二、三十次的公民會議，並逐漸受到各國重視與仿效。以基因政
策議題為例，OECD 國家中，至少有十一個國家，曾先後舉辦過
至少二十次的共識會議。美洲的加拿大、美國和阿根廷，大洋洲
的澳大利亞和紐西蘭，亞洲的印度、日本、韓國，還有台灣，都
曾舉辦過基因議題的公民共識會議。

二、源自巴西的參與式預算

起源於巴西南部大城「阿雷格里港」的參與式預算，其重點
程序有以下各點：[15]

（一）這個約 150 萬人口的城市先劃分成 16 個區，從每年元月
　　　開始，市政府就籌備分區會議，包含準備預算資料、發送
　　　資料、邀請該區住民等。在三月，每分區均舉辦大型公民
　　　會議，由自願參加的公民組成，分就不同的預算大項，如
　　　交通、健康、教育、運動、經濟發展，開會進行討論。參
　　　加者有時高達千人。

（二）每區選出代表，每週或每隔週開會，密集討論該區公共建
　　　設需求。然後，各區代表彼此推選出數名複選代表，成為
　　　城市預算審議委員會（Municipal Council of the Budget）委

員。

（三）此委員會要權衡不同區域的建設需求，給予發展落後區域
　　　優先考慮，然後根據一定的分配標準，訂出最後的預算分
　　　配建議。

（四）此建議書初稿會被送到市議會討論，議會可以建議修正。

（五）定稿的建議書送到市長辦公室，市長要不就接受建議，要
　　　不就把此建議書退回審議會重議。

第7節　台灣及其他地方舉行審議式民主的歷史軌跡

　　起源於西方成熟民主國家的審議式公民參與模式，也在2002
年以後引進台灣。從二代健保公民參與研究開始，公民共識會議、
審議式民調、願景工作坊、學習圈、開放空間等參與模式，陸續
被採用來討論全國、縣市和社區的議題，議題範圍包括：全民健
保、稅制改革、勞動派遣、環境保護、動物放生……等，應用範
疇十分廣泛。也因公民參與模式在參與對象、參與深度、意見產
出和組織成本等項目不同之下而有不同的形式，在結果的產出上
也有所差異，可適用於不同性質的議題和目標（林國明、黃東益，
2004）。

　　以台灣在2002年首次舉行的全民健保公民共識會議為例，
在林國明、陳東升（2003）的研究中，以台北縣市社區大學的學
員為公民小組招募的對象，再依年齡、教育程度分層抽樣選出20
位公民，包含公務員、民營企業雇主及員工、司機、家庭主婦、

大學生和退休人員等，其中有 19 位完成了為期七天的公共討論；會議過程全程錄影。但由於會議為實驗性質，除二代健保規劃小組學者與衛生署健保小組人員在場旁聽及觀察外，並無媒體參與。結果顯示，「公民們展現了瞭解複雜政策議題的興趣與能力，而且能夠在尋求共善和共識的取向下，理性地討論政策議題」（林國明、陳東升，2003，頁 109）；公民的知識和參與的積極性亦在參與公民共識會議的過程中提升。[16]

　　在國外，有更多、更早且更接近費氏審議式民調（隨機抽樣、代表審議）的實驗。例如：丹麥於 2000 年 8 月 25 日到 8 月 27 日間，進行「是否使用歐元」審議式民調。其操作方式為：邀請丹麥首相、反對黨主席和雙方智庫，就「歐洲是否使用單一貨幣」的議題，在南丹麥大學歐登賽校區（University of Southern Denmark at Odens）舉行辯論；同時從有選舉權的丹麥國民中取隨機樣本，參加此次辯論會，並在辯論會中自由提問；全程由丹麥的公共電視及廣播公司轉播。此次總計有 364 位與會者的代表性樣本，在會後有以下意見的轉變：（見表 1-1）

表 1-1　丹麥歐元制度審議式民調（2000）

	審議前 （%）	審議後 （%）	差別 （百分點）
單一歐元制度（Single European Currency）			
贊成歐元	45	51	+6
反對歐元	36	40	+4
尚未決定	19	9	-10
同意：			
成為歐盟的一員對丹麥有正面幫助	68	75	+7
保持自己國家貨幣的重要性遠超過 參與單一貨幣制度的潛在經濟獲益	29	21	-8
單一貨幣制度是邁向歐洲共和國的 第一步	68	47	-21
同意「丹麥參與歐元單一貨幣制度」的與會者：			
丹麥的社會福利系統將被削弱	26	35	+9
可以加強丹麥在歐盟的發言權	57	64	+7

資料來源：史丹佛大學審議式民主中心，The Center for Deliberative Democracy, Stanford University. http: //cdd.stanford.edu/polls/docs/summary/

　　根據民調結果，會後尚未決定贊成或反對歐元者減少，顯示參與者對於議題瞭解程度上升有助於做出決策；另外，會後認為「保持自己國家貨幣的重要性遠超過參與單一貨幣制度的潛在經濟獲益」、「單一貨幣制度是邁向歐洲共和國的第一步」的民眾顯著減少，認為「成為歐盟的一員對丹麥有正面幫助」增加，則

可能暗示民眾會前對政策內涵沒有足夠的資訊；同意「丹麥參與歐元單一貨幣制度」的與會者中，認為會影響社會福利系統及加強丹麥在歐盟地位者增加，則顯示接受更全面的資訊後，民眾可以更理性的衡量政策利弊得失。審議式民調結果顯示，經過審議程序，參與公民的意見傾向與參與前有顯著差異。

事實上，依據費氏（Fishkin, 2014）的統計，審議式民調至少已經在以下 19 個國家或地區有過案例：阿根廷、澳大利亞、巴西、保加利亞、加拿大、中華人民共和國、丹麥、希臘、匈牙利、義大利、日本、南韓、澳門、荷蘭、北愛爾蘭、波蘭、泰國、英國和美國。[17]

其中在南韓的一場，於 2011 年 8 月舉行，是討論最有爭議的統一問題，包含條件、時間以及可能的後果。[18] 在巴西，舉行的時間是 2009 年 6 月，地點就是上述參與式預算的發源地阿雷格里港，其議題為公務員升遷的標準。結果顯示，隨機抽樣所產生 226 位公民，經過反覆論辯的審議後，贊成以服務年資作為升遷標準的比例，從審議之前的約三分之二降低到四成九。

2011 年在日本舉行的審議式民調，則是討論年金改革。結果顯示，支持年金往私有化亦即自負盈虧方向走的代表，從審議前的六成九，減少到審議後的三成五。而贊同提高消費稅，用政府財政力量來支持年金的比例，從審議前的六成四增加到七成五。

而且，不是只有先進國家可以做審議式民調。2014 年 7 月，費什金教授遠赴非洲的烏干達，在東部的布塔萊賈（Butaleja）區，舉行了當地重要地方公共政策的審議式民調。樣本的產生是先隨

機抽樣本家庭，然後在家庭內隨機抽成員。抽中而被受訪的 232
位公民，其中有 217 位同意參加而且成功完成爲期兩天的審議聚
會。結果顯示，贊同政府嚴格執行女性最低結婚年齡爲十八歲的
比例，從審議前的八成七上升到九成四；贊成重劃土地分區使用
管理，禁止在嚴重洪害風險地區進行開發進駐的比例，從審議前
的四成六，增加到審議後的六成七。[19]

第 8 節　晚近台灣和中國大陸的實驗：本書章節規劃

　　本書的目的在於介紹審議式民調在台灣和中國大陸的最新
實驗。第二章和第三章分別介紹各該章作者所參與，依照審議式
民調模式所舉辦的兩個活動，一是於 2013 年 4 月在台北，由台
大公共政策與法律研究中心所舉辦的「十二年國教基北區家長論
壇」；另一是於同年 8 月，由中華經濟研究院在全國舉辦的能源
政策「審議式民主工作坊」。

　　舉辦前者的緣起在於，政府在實施十二年國教時，同時要
重新規劃高中的入學制度。有一派的看法是未來應當消滅明星高
中，讓高中和國中一樣社區化；另外一派的看法是爲維持我國人
才的競爭力，大學入學應維持其競爭性，此時如果消滅公立明星
高中，只會創造更多的私立明星高中，對於社會階層的流動反而
不利。

　　贊成前一派看法的人士，主張公立高中特色招生，也就是透
過競爭性考試入學的名額應當逐年遞減，如果有超額需求，就用

抽籤決定。主張後一派看法的人士，則持相反看法，認為入學制度雖可以加重學業以外表現的權數，但當這些其他表現相當時，還是應當以學科考試成績決定高下，堅決反對抽籤。

家長是這個辯論中的最重要利害關係人（stakeholders）之一，他們的意見當然很重要。當時有很多團體自稱代表家長，也有其他團體質疑他們的代表性，但沒有人確定到底家長的意見為何。

有鑑於此，台大公共政策與法律研究中心接受王立昇及朱雲鵬教授等人建議，舉辦了該項活動，經由隨機抽樣，邀請了上百位北北基的家長，親自前來參加論壇，聽取不同專家的意見，也經由小組討論形成問題，再反過來詢問專家。該活動有前測問卷，也有後測問卷。

公民會議前的民調結果顯示，全體被隨機抽出的 1,113 位北北基地區國中家長樣本中，69% 贊成增加會考等級，避免抽籤；66% 贊成公立傳統名校繼續存在，而有 69% 反對在超額比序同分時，以抽籤方式決定入學。此樣本中，後來有 112 人參加公民會議，這些人在會前有 73% 贊成增加會考等級，避免抽籤；82% 贊成公立傳統名校繼續存在，有 75% 反對在超額比序同分時，以抽籤方式決定入學；參加公民會議，經過不同立場專家的解說以及兩次小組討論後，這些比率變得更高。

由王立昇和朱雲鵬共同執筆的第二章，就是把上述舉辦十二年國教基北區家長論壇的緣起、過程、步驟、結果，很完整地紀錄下來。

本書第三章所討論者為「審議式民主工作坊能源政策」，由

吳中書、朱雲鵬與鄭睿合共同撰寫。

日本福島因海嘯發生核電災變後，台灣的反核聲浪再度升高。2013年年初，在當時行政院長拋出「核四公投」的可能性後，此題目更加成為當時被熱烈討論的對象。

為了瞭解此議題可否在類似審議式民調的形式中，進行理性和知性的討論，中華經濟研究院接受委託，舉辦「審議式民主工作坊——能源政策」。在進行論壇前，先依據各縣市人口比率進行電話號碼之隨機系統抽樣，全國共抽取 3,013 個有效樣本，進行電話訪問。在訪問過程中，訪問人員徵詢被訪問者參與公民論壇之意願。經過問卷整理後，再依照民眾背景資料及參與意願進行隨機抽樣，抽出約 100 位代表。主辦單位隨即致電及發函邀請這些人參加於 2013 年 8 月 24 日舉行之公民論壇，並說明全程參加論壇之民眾將可得到出席費 1,000 元（交通費另計）；其後實際出席的有 90 位。

結果發現，對於台灣發電是否應當使用核能、核四是否應當停建、核四是否安全等問題，無論在參加論壇之前或之後，民眾意見分歧的情況仍然存在；對於一些在公眾討論中曾經出現過的非科學性臆測，例如：核電廠發生災變時，是否可能像原子彈一樣爆炸，卻有立竿見影的澄清效果。此外，比較參加論壇的前測和後測問卷，發現 90 人中對於核能發電的接受程度呈現上升，例如：認為核能發電不安全或非常不安全的比例，下降到41.1%，而認為安全或非常安全的比例，增加到48.9%；不過，後者仍然沒有超過半數，值得注意。

　　本書第四章要探討的主題是中國大陸參與式預算和協商式民意調查之引進，由吳建忠博士撰寫。

　　中國大陸於 1999 年開始，在浙江省溫嶺市發展出一系列的方法，來蒐集一般民眾對地方政府建設預算優先順序的看法，開了參與式預算的先河。先是新河、澤國兩鎮試行「民主懇談會」，後隨著制度成熟，形成了「溫嶺模式」。常態性地在決定地方公共建設預算的過程中，加入公民審議的程序，是中國大陸人大制度施行以來之創舉。

　　對此模式鑽研甚深的吳建忠博士清楚地描繪 2005 年溫嶺市澤國鎮是在何種機緣下，經由費什金和何包鋼教授的指導，開始接受了舉行審議式民調（大陸稱為協商式抽樣民主）的觀念；以及此觀念如何隨著時間，在該鎮發生演進和變革。

　　澤國鎮的程序基本上和前面各章所描述的審議式民調標準程序相同：先是隨機抽樣，然後是提供所要討論的地方公共建設預算項目基本資料給被抽取的公民代表，並由他們對各項目進行優先順序的調查（前測）；再來是舉行大會，包含兩次分組討論和兩次大會討論；最後是再進行一次問卷調查，也就是後測。鎮政府在會後將公民代表在後測中選出的 12 個最優先地方公共建設項目提交 2005 年 4 月召開的澤國鎮第十四屆人民代表大會第五次會議，結果經過民主懇談（協商式民意調查）所選擇的 12 個專案獲得壓倒性的投票支持而通過。（參見 Fishkin et al., 2010 及吳建忠，2011）。

　　最後，在本書的第五章會探討審議式民調的未來；主要將討

論審議式民調的未來潛力，包含其可運用在一般人民團體和公司
治理的途徑，以及可能的瓶頸與需克服的困難。在該章，我們將
描述一個把類似審議論壇模式應用於企業內部，以凝聚共識、提
高士氣的實驗，來說明這是系統性蒐集團體成員意見，形成改革
議程的有效方法。然後，我們會提出本書的結論。

註 釋

1. 台北醫學大學管理學院經濟學講座教授及東吳大學巨量資料管理學院
    講座教授。作者在此由衷地感謝多年來眾多團體和個人的支持，使得
    本書相關議題以及其他議題項目之研究得以持續進行。謝謝你們。

2. https://nccur.lib.nccu.edu.tw/bitstream/140.119/34514/7/52502107.
    pdf

3. http://homepages.gac.edu/~arosenth/265/Athenian_Democracy.pdf

4. http://www.forbes.com/sites/niallmccarthy/2015/06/23/the-worlds-
    biggest-employers-infographic/#68fdeb6a51d0

5. 其著作《沈思錄》（*Meditations*）在近代仍有人閱讀。

6. Touchard 原著，胡祖慶譯 (1998；頁 64)。

7. 參見 Lee（2011），Abts and Rummens（2007），Moffit（2016），
    Handlin（2017），Rosefielde and Mills（2014），Rowbottem（2010）
    及 Keane（2013）。

8. 在民主政治制度之下，「民意最大」是不可阻擋的趨勢，如果將民粹
    定義為追隨民意走，則民主政治產生民粹主義是正常現象。問題在於，
    不同的環境條件下，民粹會出現不同的類型，而在某些類型之下，例
    如：在此地我們稱為「盲目民粹」的狀況下，公共治理可能出現問題。
    基本的困難在於，大多數人民沒有時間、精力、興趣和義務研究公共
    議題，但他們形成多數意見時，國家又必須遵行；這些意見可能來自
    對新聞報導或特殊天災人禍的反應，也可能是由似是而非、聽起來聳
    動的言論所鼓動。依據這樣的鼓動所做的決策，表面上對國家和人民
    有利，實際上可能有害，這是盲目民粹的最大問題。另亦可參見 Kohli
    （1991）。

9. 亦即「代理人問題」（agency problem）。

10. Fishkin 已將此名稱在美國登記註冊商標。

11. 見朱雲鵬（2011, 2013）。另有關參與式民主改革的重要性和前景，可參見 Pateman（2012）。

12. 見 http://governance.berggruen.org/activities/71。另外，亦可參見 Berggruen and Gardels (2013a 及 2013b)。

13. deliberative democracy 翻成「慎議式民主」（簡稱慎議民主）較精確，台灣過去習慣翻為「審議式民主」（簡稱審議民主），本書除特別註明外，均採用後者。

14. https://www.epa.gov/international-cooperation/public-participation-guide-consensus-workshops 及 http://estframe.net/ethical_bio_ta_tools_project/content_2/text_2c81d261-b7a8-43e8-8f1e-d724b43e2ba3/1346076808107/et4_manual_cc_binnenwerk_40p.pdf。

15. http://www.participatorybudgeting.org/about-participatory-budgeting/where-has-it-worked/ 及 http://siteresources.worldbank.org/PSGLP/Resources/ParticipatoryBudgeting.pdf。

16. 亦可參見林國明（2009）。

17. 根據較新統計（2017/5），此方法已在全球 24 國施行過 70 次，見 https://cdd.stanford.edu/what-is-deliberative-polling/。

18. 在經過反覆討論和辯證後，贊同未來統一的比例增加，認為即使北韓進行核試也應當給予人道援助的比例也增加。見與上一註腳同樣網址。

19. 以上兩段皆引自 Fishkin, 2014。

《 第二章 》

十二年國教基北區家長論壇

王立昇[1] 朱雲鵬

第 1 節　十二年國教怎麼來的？

聯合國教育科學文化組織（United Nations Educational, Scientific and Cultural Organization, UNESCO）曾提出教育更新及教育改革，應當經過深思熟慮的檢視與瞭解，必須將「公平」、「適切」、「卓越」三個目標普遍存在教育政策中；任何參與教育改革的人士，要努力尋求這些目標的和諧（張鈿富、葉連祺、張奕華，2005）。

在台灣，過去以追求「公平」和「卓越」為主，造成聯考的升學壓力，結果出現「教改」，往減少壓力的方向前進。也有其他國家在早期往這個方向走，例如：日本 1970 年代開始實施寬鬆教育、南韓於 1974 年全面推行平均化教育以及 2001 年美國《沒

有兒童落後》法案（No Child Left Behind, NCLB）。

但根據台灣大學公共政策及法律研究中心「教育政策制定程序建議書」（2012）研究報告，在 2000 年代，多數國家又朝向追求卓越目標修正，包含 2007 年日本宣布「教育再生」計畫，南韓 1999 年通過並於 2002 年實施「英才教育振興法」。美國則於 2006 年通過《美國競爭力計畫》，且於 2009 年修改《美國振興及投資法案》，強調科學教育的重要性，被稱為 STEM（Science、Technology、Engineering 及 Mathematics）推動計畫。茲將美國 2006 年起的政策羅列在下表：

表 2-1　美國推動科學教育政策紀要

年度	大事紀要
2006 年	美國總統布希在其國情咨文中公布一項重要計畫—《美國競爭力計畫》。
2009 年	修改《美國振興及投資法案》，以及「奔向顛峰」中強調科學（Science）、科技（Technology）、工程（Engineering）及數學（Mathematics），即 STEM 的重要性。
2010 年	三月美國教育部教育技術辦公室發布第四個國家教育技術計畫。
2011 年	歐巴馬總統推出旨在確保經濟增長與繁榮的新版的《美國創新戰略》。
2012 年	美國總統歐巴馬預告十萬教師百萬人才新科技教育計畫。

以紐約市為例，每年有 10 多萬名國中畢業生，70% 多的畢

業生選擇免試就近入學，15% 左右選擇私立高中，其他的畢業生報考九所「公立特殊高中」（specialized high school），競爭激烈。例如：在 2011 年，這些特殊學校錄取總數只有 6,366 人，約為 10 萬人中的 6%。除了拉瓜地亞音樂藝術演藝高中以外，其他特殊高中都是學科高中，其入學考試是語文和數學的紙筆能力測驗——語文 45 題、數學 50 題，考試時間共計三小時。

在台灣，學習了前述其他國家朝「寬鬆」改革的前半段，但忽視了別人的後半段；一直到現在，還是朝「寬鬆」改革的方向，大步前進。在「寬鬆」的大旗下，「考試」變成一種罪惡。而在此大方向下，「十二年國民基本教育」（以下簡稱十二年國教）應運而生。

十二年國教最早是針對技職教育而構思的；民國 72 年曾研擬「延長以職業教育為主的國民教育」，然而屢因規劃不周以及財務問題而擱置。到民國 95 年，方向轉到全部高中教育體系，而由教育部成立「十二年國民基本教育規劃工作小組及專案辦公室」，開始進行十二年國教之相關研究，並宣布將於民國 98 年實施，但之後也因相關爭議以及政黨輪替，再度停擺。

民國 99 年，馬英九總統開始大力推行十二年國教，除了在行政院成立十二年國教推動小組，更在民國 100 年元旦文告中表示將於民國 103 年正式實施十二年國教，並於 101 年通過多項配套方案以及各種措施。相關大事紀要見表 2-2；另可參閱教改論壇（2013）所著「圖解你該知道的十二年國教」。

表 2-2　十二年國教大事紀要

年度	大事紀要	教育部長
72 年	規劃實施「延長以職業教育為主的國民教育」計畫 結果：因民間反對及財務問題未能實施	朱匯森
83 年	部分地區試辦完全中學	郭為藩
85 年	試辦綜合高中	
95 年	1. 成立十二年國民基本教育規劃工作小組及專案辦公室 2. 完成十二年國民基本教育規劃方案	杜正勝
96 年	行政院長蘇貞昌宣布 98 年實施十二年國教 結果：因相關爭議以及政黨輪替未能施行	
99 年	9 月成立行政院十二年國民基本教育推動小組、教育部十二年國民基本教育工作小組	
100 年	1. 馬英九總統元旦祝詞表示：「啓動十二年國教，103 年高中職全面冤學費，大部分冤試入學」 2. 2 月行政院成立十二年國民基本教育推動會 3. 4 月教育部舉行「十二年國民基本教育入學方式說明暨各方案執行展示記者會」，公告 7 大面向以及 29 項配套方案 4. 9 月 20 日行政院核定「十二年國民基本教育實施計畫」，並自民國 103 年開始實施 5. 行政院院會 10 月通過「高級中等教育法」草案	吳清基
101 年	修正原草案，將「落實適性教育」納入法條	蔣偉寧
102 年	「高級中等教育法」於 7 月 10 日公布實施	蔣偉寧

資料來源：http：//12basic.edu.tw/about05_evo.php

　　「十二年國民基本教育」的概念並不等同於「九年國民義務教育」的「強迫入學」（compulsory schooling），學生在接受小學、

國中教育後，並沒有被強制一定要繼續接受三年的後期中等教育
（或稱高級中等教育），所以「十二年國教」的「國教」在定義
上與社會大眾所認知的「國民義務教育」有所不同。

　　根據100年《十二年國民基本教育公聽會手冊》的資料，「國
民教育」與政府未來將推動的「十二年國教」（簡言之「高級中
等教育改革」）的定義區隔如下表：

表 2-3　國民義務教育與十二年國民基本教育之比較

制度名稱	國民義務教育	十二年國民基本教育
施行範圍	普及	普及
學費	免學費	免學費
強制性	強迫入學	非強迫入學
入學方式	免試	免試為主

　　但於 102 年 6 月，十二年國民基本教育的免學費政策調整爲
「有條件免學費」，即高職（含五專）生「不排富」、高中生則
要「排富」，以家戶年所得 148 萬元爲基準，未超過此基準的高
中生免繳學費。

　　雖然教育當局希望藉由十二年國教推廣「高中均質、區域均
衡」，但不同於九年國教，高中職階段包含了高中與高職，多數
家長、學生對於兩者的偏好程度也不盡相同。台大駱明慶教授曾
指出：「學區劃分大概不可以畫出只有單一高職的學區，即使學

區內包含高中和高職，如何決定誰讀高中或誰讀高職，將是另一個分數需要出現的時候。」[2]。

第 2 節　高中入學制度如何變化？

一、升學考試制度變革

在教改的旗幟下，聯考「一試定終身」被認為是一種罪惡，要被改革。自民國 90 年起，全國統一的「國中基本學力測驗」取代了各招生區舉辦的「高中聯招」。與聯招相比，國中基測的主要差異為：

（一）一年測驗兩次，取最好的那一次成績，不再「一試定終身」。

（二）採「量尺計分」，計分標準是根據考生答題的「相對表現」來決定。

（三）除了作文，全部考選擇題，題目難度採「中間偏易」。

（四）若採申請入學進入高中，基測成績亦為一入學參考指標。

然而國中基測舉辦數年後，所帶來的負面效應也逐漸浮現：

（一）應考機會的增加，使得每年都有過半數考生選擇再考第二次。

（二）全選擇題、題目難度降低的結果，考生也從以往「分數」的競爭變成「錯幾題」的競爭。

（三）雖然國中基測並不是申請入學的唯一參考指標，但依然占多數高中申請入學積分的絕大比重。又，由於基測成績為

登記分發入學的唯一標準，在分數「擇優採計」的情況下，致使考生的壓力並未隨聯考制度的廢除而減輕。

而中研院研究員林妙香的「90-93 年度國中基測量尺及等化程序之個案研究」報告，更使得國中基測的公信力受到挑戰[3]。也因爲林妙香研究員這份報告，國中基測的計分方式，自 98 學年度從舊有的量尺計分改爲「線性計分」[4]。

另外，由於 99 學年度起免試入學的推展，使得國中基測的重要性隨之下降。根據政府的規劃，101 年 9 月入學高中職，各分發區免試入學招生名額至少須達到全體招生名額的 55%，102 年 9 月免試入學比例更提升爲 65% 以上。伴隨著免試入學擴大招生，101 年起，國中基測也從每年舉辦兩次減爲每年一次。

十二年國教實施後，取消原有的「申請入學」與「登記分發」。除了免試入學擴大辦理外，並提供「特色招生」入學管道，而特色招生分爲：1. 甄選入學：音樂、美術、舞蹈、戲劇、體育班、科學班、高職藝術類科……等，和 2. 考試分發入學。

二、特色招生與「免試入學超額比序」

特色招生係指「經認證爲優質的公私立高中及高職，爲落實因材施教與開展學生多元智能，依據十二年國民基本教育適性發展之精神與學校特色課程教學之需要及報經主管機關核定之特色招生計畫，透過公開甄選的方式，遴選符合其性向、興趣與能力之學生，以接受學校適性化教學與輔導」。依照「基北區高中高職特色招生核定作業要點」，基北區應成立入學推動工作小組及

特色課程招生審查會，辦理高中高職特色招生。

在免試入學方面，如果申請名額低於招生名額，則全部錄取。但如果申請名額高於招生名額，則必須依照超額比序項目及順序決定錄取名單。101 年公布之基北區免試入學超額比序方案說明如下：

（一）十二年國教免試比序項目及積分計算方式：（總積分90 分）

表 2-4　免試入學超額比序項目及積分計算方式（101 年版）

採計項目	志願序	多元學習表現	國中教育會考
分項積分	30 分	30 分	30 分
內容	依現行規劃：第一志願 30 分，第二志願 27 分，依次遞減到第十志願 3 分；第十一到二十志願 2 分；二十一至三十志願 1 分	1. 均衡學習（18 分）：健康與體育、藝術與人文、綜合活動等三領域五學期平均成績及格，各得 6 分 2. 服務學習（12 分）：每學期服務學習 6 小時以上，可得 4 分	國文、英文、數學、自然、社會等五考科各 6 分

（二）十二年國教免試比序順次：

表 2-5　免試入學超額比序順次（101 年版）

第一順次	第二順次	第三順次 國中會考成績							第四順次	結果還是超額
		總分	國文（三等級）	英文（三等級）	數學（三等級）	社會（三等級）	自然（三等級）	寫作（六級分）		
「志願序、多元學習表現、國中會考成績」的總積分	多元學習表現積分								志願序	採抽籤方式決定入學資格

・舉例說明：

現有甲、乙、丙三位學生，甲同學將 A 高中填為第一志願，他的「健康與體育」、「藝術與人文」兩科五學期平均成績及格，有兩學期服務滿 6 小時以上，他的國中教育會考成績有三科精熟、兩科普通，因此「甲同學相對於 A 高中的總積分」換算為：

志願序 30 分＋均衡學習 12 分（6×2）＋服務學習 8 分（4×2）＋會考 26 分（6×3 ＋ 4×2）＝ 76 分

乙同學則將 A 高中填為第五志願，他的「健康與體育」、「藝術與人文」與「綜合活動」三科五學期平均成績都及格，他有四個學期服務滿 6 小時以上，他的會考成績則是四科精熟、一科普通。假設乙同學前四志願都沒上，「乙同學相對於 A 高中的總積

分」爲：

志願序 18 分（30 － 3×4）＋均衡學習 18 分（6×3）＋服務學習 12 分（服務學習積分上限）＋會考 28 分（6×4 ＋ 4）分 = <u>76 分</u>

丙同學將 A 高中填爲第二志願，他的「健康與體育」、「藝術與人文」與「綜合活動」三科五學期平均成績都及格，他有三個學期服務滿 6 小時以上，他的會考成績則是兩科精熟、三科普通。假設丙同學第一志願沒上，「丙同學相對於 A 高中的總積分」爲：

志願序 27 分（30 － 3）＋均衡學習 18 分（6×3）＋服務學習 12 分（4×3）＋會考 24 分（6×2 ＋ 4×3）= <u>81 分</u>

根據甲乙丙三位學生得到的積分，丙同學將比甲乙兩學生優先錄取 A 高中。

倘若甲乙兩學生同時接受 A 高中「同分超額篩選」，由於第二順次先看「多元學習表現積分」，乙同學多元學習積分（30 分）較甲同學（20 分）高，因此乙同學優先錄取。

三、「國中教育會考」與「國中基測」的差異

自民國 103 年「十二年國教」上路後，原來的「國中基測」被「國中教育會考」所取代。雖然兩項考試考科相同，且都由台師大心測中心舉辦。但由於官方對於兩項測驗的定位差異，因此

會考無論是命題難易度、測驗題型、計分方式，還是施測對象等，都和國中基測有所區隔。

在測驗題型部分，相較於「基測」，「會考」的英文科加考聽力、數學科則加考非選擇題。命題難易度也從過去的「中等偏易」調整為「難易適中」。

十二年國教實施前，「國中基測」占多數高中申請入學積分的絕大比重，而且是登記分發入學的唯一標準。為了與申請入學、登記分發入學有所區隔，102 年 9 月入學之免試入學並不採計國中基測成績，「基測」也是在「免試入學」錄取生報到後才舉行。

在十二年國教實施後，由於會考成績為免試入學超額比序中的一項，因此會考施測時間提前到免試入學申請前舉行。然而根據《高中高職免試入學作業要點訂定及報備查原則》，會考積分不得超過總積分的三分之一，各科計分方式也簡化成「精熟」、「基礎」、「待加強」三個等級。

兩種考試之差異請參見表 2-6。

四、十二年國教實施前後，北北基免試入學制度的比較

根據教育部提供的《高中高職及五專免試入學實施方案》，為推動十二年國教，教育部自 99 學年度起，即開始要求各高中職辦理免試入學方案，並且將免試入學期程分成三階段：十二年國教實施前為「宣導推動期」與「擴大辦理期」；根據規劃，十二年國教實施前一年，免試入學的招生比率至少須為65%以上；待十二年國教上路後，也就是免試入學「全面實施期」，各免試

表 2-6　國中教育會考與國中基測比較表（101 年版）

	國中教育會考	國中基測
科目	國文、英語（加考聽力）、數學（加考非選擇題型）、社會、自然及寫作測驗	國文、英語、數學、社會、自然及寫作測驗
測驗難度	難易適中	中間偏易
計分方式[5]	標準參照（評量個人的表現是否達到預先設定的標準）	常模參照（評量個人表現與團體內其他成員表現的比較）
成績計算	國文、英語、數學、社會及自然評量結果，各科均分為「精熟」、「基礎」及「待加強」三個等級；寫作測驗分為一至六級分。	除寫作測驗為標準參照之六級分制外，其他五科都以「量尺分數」計算（國英數自社各科最高分為 80 分，寫作測驗 12 分，總分為 412 分）
功能	免試入學超額比序中的一項，但不超過總積分的三分之一	1. 登記分發唯一採計項目 2. 申請入學的主要依據
施測時間	免試入學前	免試入學後
應試對象	全體國三學生	沒有經由免試入學管道進入高中職的國三學生
辦理時間	定自民國 103 年起每年 5 月舉辦一次	民國 90 年～民國 100 年每年舉辦兩次；民國 101 年、民國 102 年改為每年六月舉辦一次

就學區之免試入學名額應占核定總招生名額達 75% 以上。

　　對於大多數家長而言，免試入學「漸進式調整」的「調整幅度」並非關心的重點。相較於免試入學招生比例的變化，家長們

更在乎的是：「十二年國教免試入學，是不是有錢人才玩得起的遊戲？」、「需不需要花錢補習，以獲得較好的在校成績？」、「需不需要參加競賽、檢定，以獲得免試入學加分的機會？」⋯⋯諸如此類。

實際上，十二年國教前後的「免試入學制度」是不同的。最根本的差異，在於「十二年國教」實施後，免試入學超額比序制度不再採計學業成績，而改採用志願序、多元學習表現與國中會考成績。雖然《十二年國民基本教育免試入學超額比序「多元學習表現」採計原則》同意將「競賽、技職證照或資格檢定」項目納入採計項目，但基北區有別於其他部分縣市，並未採計競賽、檢定成績，因此，家長、學生不需要為「要不要參加校外比賽來獲取（升學）積分」而煩惱。

103 年及 102 年基北區免試入學超額比序之異同請參閱表2-7。

十二年國教前後「免試入學」學區的劃分也有所不同，根據《高中高職及五專免試就學區實施方案》，十二年國教實施時，高中職的「學區」將以「免試就學區」為名，以區隔九年國民教育所稱之「學區」。《高中高職免試入學作業要點訂定及報備查原則》則明文記載全國分為十五個免試就學區。實際上，這十五個「免試就學區」，也就是沿用過去高中升學的「登記分發區」。

表 2-7　103 年及 102 年基北區免試入學超額比序比較表（101 年版）

	103 年免試入學超額比序	102 年免試入學超額比序
採計項目	統一為志願序、多元學習表現與國中會考成績	學業成績及其他各校自訂標準
志願選填	30 個志願：志願序高低影響學生比序積分	4 個志願：志願序不計分
是否採計在校成績	不採計	採計
是否採計競賽檢定	不採計	各校自行決定
比序方式	1.「志願序＋多元學習表現＋國中會考成績」的總積分 2. 多元學習表現積分 3. 會考總分→國文→數學→英語→社會→自然→寫作 4. 志願序 5. 如果還是超額：抽籤	1. 在校總成績 2. 各校自訂項目
名額分配	一視同仁，沒有各市招生名額分配問題	1. 優先保障同市國中 2. 新北市高中另有社區生保障名額給學區國中[6]

五、當時（101 年）規劃方案尚未釐清的問題

（一）私立學校會不會參與免試？

　　十二年國教實施後，部分家長擔憂這套「免試入學制度」是否只適用於公立高中，而私立學校卻不受限制。也因此，才會有《商業周刊》1278 期〈小六開始衝刺大學〉的報導：許多家長乾

脆把孩子先送進私立學校，寄望「免試直升」從國中直升高中。

關於「私立學校參與免試與否」的規範，教育當局遲遲沒有定案。十二年國教實施後，教育當局能不能強制私立學校「提供一定名額讓招生區內的國中畢業生申請免試入學」，還是說「只要私立學校不接受政府補助，就可以不受當局規範」，值得觀察。

（二）未來「國中部直升」這項制度如何辦理？

依照《高級中等學校多元入學招生辦法》，「免試入學」的定義為：「提供學生依性向、興趣、能力、志願、特殊才能或競賽成績優異等方式，直升入學或於免試就學區內之高級中等學校入學。」也就是說，根據現在的制度規範，「國中部直升」也可以算作「免試入學」。

根據當時媒體的報導，公立學校「國中部直升高中」已明訂不得超過 35%[7]，未來如何辦理尚未定案。在私校部分，如同前面所提，私立學校參與免試的規範尚未出爐，因而後續「私校國中部直升」的比例亦仍待規範。

第 3 節　是否應當保留公立優質高中？

十二年國教政策中，改革重點之一是升高中職的升學制度變革成「免試入學」與「特色招生」——「免試入學」的目的是「希望舒緩國中不當升學壓力，讓教學正常化」，也希望鼓勵優秀學子就近入學、促進社區高中均質化；而「特色招生」則是「希望

促進創新教育，達到適性揚才的目標」。就實務來看，在基北區中申請特色招生名額比例較高者，多是現有的「優質高中職」，如建國中學、北一女中、成功高中、中山女高等當時都「規劃」85%的特色招生名額，師大附中是 80%，松山高中則是 50%。

免試入學及特色招生這兩種管道在名額分配上是「互相排斥」的，要用特色招生管道入學也須放棄第一階段免試入學的資格，另外，特色招生的制度亦引發了是否會造成「優質高中職」繼續存在而和免試入學理念衝突、特色課程形成免試生與特色生「一校兩制」等的討論，因此特色招生並不是一個獨立的議題，而是和免試入學直接相關，免試入學與特色招生的比例應如何分配，一直是大家關注的焦點。

若進一步深入探究，則這些討論其實是基於兩種不同的教育觀點，分別是主張應該符合社會資源公平分配，保證每個學生有獲得相同教育品質的機會（可稱為「平均主義」的觀點，或稱為「平均論」），以及主張應該依照學生不同的能力與需求，提供不同的教育機會（可稱為「適性論」的觀點，或稱為「適性觀」）。以下將討論兩種招生管道議題中所涉及的這兩種教育價值之爭議。

一、平均論：每個學生都應有相同的受教環境

平均論者認為：教育資源應平均分配，所有學生都應接受品質同等優良的教育。持此觀點者尤其強調協助在經濟、文化等各方面弱勢的學生，這是因為每位學子的升學狀況除憑藉自身能力

與性向外，也和家庭背景有關。他們認為，家境較富裕的學子可能從小便閱讀了較多的書籍，有能夠指導作業的家長，也能夠補習、請家教以解決課業難題，然後進入能享有較多教育資源（諸如優秀師資、先進設備等）的優質高中職和熱門大學科系，甚至因此取得待遇較好的工作，獲得較高之社會經濟地位，並提供下一代子女較多的教育資源；反過來說，經濟、文化上較弱勢的學生在學習資源較為不足，也可能為了幫忙家務無法好好唸書，因而容易在教育及求職上吃虧，最後讓下一代子女獲得較少的教育資源，形成社會階級重新複製的惡性循環。

　　針對以上狀況，平均論者會覺得問題出在於各學子的家庭背景不同，因此才會造成學習條件上有優劣差異；基北區各所高中職資源不均，尤其資源過度集中於少數幾所優質高中職，使得學生為了擠進優質高中職，必須激烈競爭，弱勢學生因教育資源較少而易於失利。因此在政策發展方向上，平均論者可能較支持「高中均優質化」和「免試入學」，希望平均各校分配資源以將各校教學及設備品質提升至同樣水平，達到不需要考試以競爭教育資源、用抽籤進入哪所學校都一樣好的地步。

　　然而這些看法在實務上立刻面臨問題，例如：目前高中均優質化的成果屢遭社會質疑；班級學生程度差異可能變大而使得教師難以教學、課程難以落實；學習較快或落後的學生難以得到適合其個人特質的特殊教育等等。另外需要說明的是，目前的「超額比序標準」由於仍包含會考成績，因此並不符合平均論之理念。

二、適性論：為每一位學生安排其適合的學習環境

除了上述「平均論」的觀點，另一種對於人才培育不同的看法，是認為每個學生的性向、興趣與能力都不一樣，有比較不清楚自己志趣和特長的學生，也有早慧、學習動機高的學生。社會應當尊重學生的個體差異，因此國家的教育制度也應依照學生能力與志趣，在教育上進行分流。如此不僅能使有強烈志趣的學生有實現自我的機會，高中端也能培育多元的優秀人才，並規劃讓學生能自由發展的課程，找到各所高中的定位。尚未有明確志趣的學生則積極輔導其探索自我，找到自己的方向。本文在這裡稱這種教育價值觀點為「適性論」。

未來十二年國教實施後，適性論思維下的特色招生將以術科成績（透過甄選入學的藝能才藝班、體育班或科學班等）或根據特色課程內容而規劃的學科素養測驗（透過考試入學的其他特色班級）來決定可以進入特色班級就讀的學生。免試入學亦應以適當方式進行超額比序，以達到因材施教的目的。

適性論者認同古希臘哲學家亞里斯多德所言：「給不同條件的人相同之待遇，就像給相同條件的人不同之待遇一樣的不公平。」並認為要發掘及培養每一個孩子的特色，因此可能會支持以特色招生的方式，讓一些已經具備特殊班經驗的高中職，能夠繼續發展其特色班級，希望免試比例不要過高；但在另一方面，適性論者也可能質疑過去的優質高中職，是否真的能夠培養跳脫既有學科框架的人才，以及十二年國教下的特色招生制度，是否真能夠篩選出具備特殊潛力的學生。

　　然而，在當時特色招生的具體政策尚不明朗的情況下，要用什麼測驗方式，才能真正找到契合特色班的優質學生？老師和校方能否在一般生之外，兼顧特色班學生的需求？在「免試生」和「特色生」並存的情況下，如何實施「一校兩制」的教育？特色班如何教出懂得思考和創新、而非只會考試的學生？這些問題，很可能是適性論者關心的重點。

三、十二年國教下的私校崛起疑慮

　　有一些人認為十二年國教改革會讓優質公立高中弱化、私立高中崛起。他們認為免試入學會使公立名校招收到成績表現較差的學生，使老師教學困難、學生升學率變差、甚至導致校園秩序混亂等狀況；同時，私校則因具有入學篩選、教師及課程把關、嚴格生活秩序管理等特色而相對優質。再加上免試入學超額比序複雜、特色招生比例偏低等因素，所以吸引許多家長先將子女送入私校國中部，再以直升方式進入高中部，形成媒體報導私立高中入學分數提高、私立國中入學報名人數上升錄取率下降、因應私校入學考試的補習班蓬勃發展等等的現象。

　　這些現象廣泛引起平均論者及適性論者的注意，希望教育部研擬相關政策應對。其中平均論者不希望看到惡性升學競爭再起，適性論者則認為公立名校被削弱後，經濟弱勢學生將面臨既無法如從前僅憑考試成績進入公立名校、又缺乏金錢進入優質私校的艱困局面，最後使其才能無法得到培養而被埋沒。

　　為因應此現象，教育部當時已著手規劃相關政策。例如：教

育部希望有獲得政府補貼學費的私校最高只能開放 50% 名額給該校國中部學生直升，同時該校之免試入學比例不能低於區域內最低標準，並在獲得補助超過一億元的學校董事會增設公益監察人以監督校務運作；至於不接受政府補貼學費的私立學校（通常為升學率較高的學校）部分，教育部則規定其開放 10～15% 的名額作為免試升學之用，且透過核定同一學校之國中小招生辦法以防堵私立學校任意擴大招生。

此外，公立名校也規劃了許多特色課程以招攬學生、試圖維持現有地位，例如：建中設計了與大學合作授課的「榮譽課程」，北一女則設計了創意思考、領導、寰宇、資優等四種學程。不過由於相關政策尚未實施，當時亦無法確定效果如何。

第 4 節　為何要舉辦十二年國教基北區家長論壇？

由於各項爭議不休，十二年國教入學制度遲遲未能定案。各種團體群起發聲，有宣稱是代表家長的，有宣稱是代表老師的。到了 102 年，也就是必須做決定的關鍵時刻，各項問題都集中到一個焦點，就是國人是否可以接受用抽籤的方式，決定誰家的子女可以進入公立優質高中。

原先規劃的會考成績，是每科都只有「精熟」、「基礎」、「待加強」三個等級。如果這樣，對於表現好的學生而言，所有多元比序各項的成績都會相同，包含會考分數在內，所以最後必須抽籤。要讓抽籤的情況不發生，只要把會考成績的分級增加即

可。在基北區，經過心測中心的模擬，基本上，如果增加到七級，實務上就可以避免抽籤。

所以，最後的爭議，就在於當多元比序均同分時，可否增加會考成績等級，讓學生分出高下。如果抽籤普遍發生，公立優質高中勢必漸漸失去其特色，進而消失。對教改主張消滅公立名校的人士而言，這是理想的實現。對於主張維持學生競爭力、維持公立名校讓上不起私立學校的家庭子女有機會追求卓越的人士而言，這將是台灣高中教育的夢魘。

於是，我們就想到審議式民主。我們認為，與其讓聲稱代表家長的各種團體，透過媒體放話，喋喋不休，造就了民粹式的討論，何不透過審議式民主，讓真正的家長能透過隨機抽樣的方式，產生一群「代表」，並讓這些代表能聚在一起、深入討論，而後形成他們的意見？

有了這個想法後，我們接觸了台大公共政策與法律研究中心（簡稱「政法中心」），獲得了肯定的答覆，並於該中心找到捐助人後，著手進行「十二年國教基北家長論壇」。只舉辦基北區是基於經費限制、時間限制以及正好基北區是爭議最激烈的地區（基北區入學人數占全國入學人數的三分之一）。以下各節將詳細敘述，該論壇從籌備到執行，到獲致效果，到對政策產生影響的整個過程。

這個論壇的舉辦，是經過很多人的努力和協助，才得以成行。在此，我們要對於以下的單位和人士致上由衷的感謝：謝謝基隆市教育處、新北市教育局及台北市教育局的協助、基北區各國中

．

的配合辦理，使得基北區家長前測問卷得以順利發送；在審議式
民調程序的安排方面，感謝台灣大學林國明教授及政治大學黃東
益教授的協助；也感謝基北區家長論壇諮詢委員及專家、與談人
的撥空參與及提供寶貴的資訊。感謝各位工作人員的辛勞協助，
包含但不限於李大任、王雅琪和莊淑環等。最後，感謝台大公共
政策與法律研究中心的委託，使得本計畫得以順利推動，也感謝
該中心同意本章作者將該計畫之結案報告改寫為本章內容。

第 5 節　十二年國教基北區家長論壇的研究方法

　　我國教育政策正經歷重大變革，延長國民教育年限涉及入學
制度、教材銜接、學區劃分等複雜問題，更直指教育核心議題——
「公平」、「適切」與「卓越」之間的衡量。為順利推行制度改
革並探詢改革方向，改革前期中央與地方政府頻繁釋出資訊，但
由於主管機關受限宣傳途徑，且民眾多仰賴大眾媒體獲得資訊，
在大眾媒體新聞選擇之下，學校、教師、家長和學生等關係人間，
偏鄉與城市間，富裕、一般和弱勢家庭間仍具顯著資訊落差，造
成爭議擴大。

　　公民的意見有可能透過各式的民意調查展現出來，但不同性
質、情境之下，民調可以被參考的程度存在重大的差異。今日民
主政治之所以採取代議形式，就是因為民主政治的真諦不在於數
人頭，而在於辯論以及對真實資訊的揭露，以及在於對議題的認
知。如果有充分的辯論、有充足的資訊，讓公民在自由意志之下

所表達的意見，才具有參考的價值。

　　有鑑於此，本研究參照「審議式民調」程序，辦理「基北區家長論壇」。該程序近年來獲得不少西方學者的倡導，在歐美及中國大陸都已經有使用此方式進行公共決策的案例，其運作方式基本上包含三個步驟：第一、主辦方於研究前期蒐集議題資料，並將整個流程透明公開的向外宣示，追求每個環節公正、公平、公開；第二、以隨機系統抽樣的方式抽出樣本，做第一次民調，同時詢問是否願意在有出席費的情況下參加公民會議，對議題作更深入的討論；第三、舉行公民會議，邀請不同立場的專家，就議題的不同面相做報告；參加的公民分組進行討論，各組相關疑問由專家予以答覆，其後再進行分組討論；在會議尾聲，再做一次同樣的問卷。

　　「基北區家長論壇」以群體之間資訊落差最大的利害關係人——家長——作為參加者，又將議題集中於入學方式；因各區招生方式略有不同，選定北北基為研究範圍。參加者透過審議式民調的流程設計，可以獲得充分資訊，也可以深入思考與討論政策問題，提出更具思辯性的結論以供政策建議。

　　至於主要工作項目，則分別說明如下：

一、成立工作小組

　　本研究工作小組負責擬訂問卷內容與彙編手冊，以及邀請各方專家學者、家長參加論壇。工作小組主要成員如表 2-8 所示：

表 2-8　工作小組主要成員（依姓氏筆畫為序）

姓名	單位	職稱
王立昇	台灣大學應用力學研究所	教授
朱雲鵬	中央大學經濟系	教授
吳武典	台灣師範大學	名譽教授
吳順德	台灣師範大學	助理教授
謝邦昌	輔仁大學統計資訊系	教授

二、籌組諮詢委員會

　　為考量意見多元與平衡性，邀請官學等各界人士組成諮詢委員會。工作小組在問卷及會議手冊定稿前，召開諮詢委員會徵集意見，作為問卷和會議手冊修訂之參考依據。諮詢委員共 17 位，包含本計畫主持人 2 位，輪流主持會議。本研究共召開二次諮詢委員會，第一次會議係討論前測問卷內容；第二次會議係討論後測問卷內容與家長論壇會議手冊內容。本研究邀請的諮詢委員名單，專業領域涵蓋經濟、統計、教育等，以及學校、家長、學生代表，並有民間教改團體及社會意見領袖等多方代表參與，如表 2-9 所示。

表 2-9　諮詢委員會名單

姓名	單位	職稱
丁志仁	振鐸學會	常務理事
王立昇	台灣大學應用力學研究所	教授
王振華	學生代表	學生
王欽益	新北市家長協會	理事長
朱雲鵬	中央大學經濟學系	教授
李進雄	基隆市家長聯合會	總會長
李榮富	新北市教師會	理事長
季瑋珠	台灣大學公共衛生學系	教授
張榮輝	新北市校長協會	理事長
許文璋	基隆市校長協會	理事長
陳建江	基隆市教師會	副理事長
陳益興	教育部	次長
陳偉泓	台北市校長協會	理事長
彭明輝	清華大學動力機械系	教授
黃世榮	台北市國中家長會聯合會	總會長
楊益風	台北市教師會	理事長
謝邦昌	輔仁大學統計資訊系	教授

三、抽樣調查

本研究為蒐集基北區家長對十二年國教政策議題之意見，母體群以有子女在基北區各國中就讀七年級或八年級之家長為基準。首先從教育部網站取得基北區各國中七、八年級學生總人數，

再依據各校七、八年級學生總數加權進行加權隨機系統抽樣，抽出各校參與調查家長正取、備取各約 1,200 位。隨機系統抽樣方式說明如下：

102 年 2 月基北區國中七、八年級學生共計 153,533 人，本次調查應抽出 1,200 位子女就讀七年級或八年級之學生家長。基北區七年級學生共計 78,582 人，八年級學生共計 74,951 人，依比例，七年級需抽出 614 人[8]，八年級需抽出 586 人[9]。其次，依各校人數分別定出名額，如：台北市立敦化國中七年級總人數 835 人，需抽出 6 人[10]，八年級總人數 865 人，需抽出 6 人[11]，小數點後無條件捨去。接著，將該校七、八年級學生依照學號排序，再以 Excel 中的亂數產生器先取出起始值，間隔數則為該年級總人數除以該年級所抽出人數。以台北市立敦化國中七年級為例，其間隔數為總人數 835 人除以應抽出 6 人，間隔數為 139，七年級的起始值之亂數為 41，所以該校七年級需填寫問卷的學生家長分別為第 41 號、180 號、319 號、459 號、598 號以及 737 號。

抽樣完成後，工作小組將經過諮詢委員會議及工作小組審議過之前測問卷交由各教育局、處轉送所屬各國中，請各校協助回收問卷。在台北市教育局、新北市教育局、基隆市教育處及 185 所基北區國中的配合協助之下，完成前測問卷發放，並由學校協助，從 1,200 份發出的問卷中回收了 1,113 份有效問卷。摘要說明如表 2-10 所示。

表 2-10 問卷前測調查摘要

訪問日期：102 年 3 月 15 日～ 29 日

有效樣本：1,113 人

抽樣誤差：在 95% 的信心水準下，約 ±2.9 個百分點

訪問地區：北北基地區

訪問對象：子女就讀七年級或八年級之家長

抽樣架構：教育部國中各校學生人數統計（起始數 Excel 亂數）

四、編寫議題手冊及主持人訓練

　　為使與會家長對於十二年國教入學制度相關議題更為瞭解，讓家長能夠更深入的表達意見、提出建議，研究團隊編寫會議手冊，內容詳述公民論壇的目的、審議式民主的精神及重要性、論壇進行方式、論壇議程及工作小組、諮詢委員會之籌組名單，並以簡明的內容綜整十二年國教入學制度議題，提供予家長們能快速瞭解論壇的進行概況和目的。

　　此外，因論壇集合台北市、新北市及基隆市等三個地區的民眾，為使與會家長順利抵達會議地點，研究團隊成員亦在議題手冊中列示交通資訊和地圖說明，讓家長們均能準時與會，也能有更多的時間進行意見交流。

　　再者，議題手冊中列出討論規則與討論議題，讓與會公民清楚瞭解發言的順序、規則，以及配合入學制度主題所需討論的議題項目，讓公民們事先準備，俾使家長論壇的分組討論時間能有

效率地進行。

　　為使家長論壇順利進行並能充分展現審議式民主之精神，研究團隊安排主持人訓練研習課程，邀請預定之論壇主持人及小組討論主持人參與。

　　家長論壇小組討論共分 10 組（詳如後述），每組有 2 名主持人，考量小組討論須於有限時間內兼顧效率與品質，研究團隊商請北北基地區家長會代邀 10 名主持人；另透過台大社會系林國明教授、政大公行系黃東益教授協助，從修習過審議式民主課程的學生中徵求 10 位有興趣參與本次活動的同學作為助理主持人。

　　研究團隊借用台大校本部教室，安排 20 位小組討論主持人於 102 年 4 月 9 日下午六時三十分至九時三十分集合上課。研習課程分四個部分，第一部分由計畫主持人朱雲鵬教授簡介研究計畫並讓主持人互相認識；第二部分審議式民調簡介共 1 小時，邀請台大社會系林國明教授主講；第三部分十二年國教（基北區）簡介共一小時，由計畫主持人王立昇教授及計畫助理李大任主講；第四部分則為每組 2 位主持人協調主持方式。

　　特別的是，在前次諮詢委員會，多位委員及專家亦表示對研習課程的興趣，願意更深入瞭解審議式民主的精神及審議式民調的流程安排，特地前來旁聽。

表 2-10　小組討論主持人研習課程流程

時間（下午）	內容	講師／主持人
6：30-7：00	報到、相見歡	朱雲鵬教授 （中央大學經濟系）
7：00-8：00	審議式民調簡介	林國明教授 （台大社會系）
8：00-8：10	休息	
8：10-9：10	十二年國教（基北區）簡介	王立昇教授 （台大應力所） 李大任助理
9：10-9：30	小組討論主持方式	

五、基北區家長論壇

（一）參加者之選取

　　本次論壇中，總計有 112 位家長公民與會。其選取方式為：本研究在問卷的問項當中，設計了一個問項，來調查受訪者參與家長論壇的意願；本研究在前測階段之有效問卷受訪者 1,113 人中，表達有意願且留下資料可供聯繫者共 370 位，再從這 370 位家長中，依隨機系統抽樣結果進行邀約，建立與會名單 120 位。

　　在費什金教授過去所辦的審議式民調中，基本上他鼓勵所有接受前測採訪的受訪者參加審議大會，而且事實上拒絕參加的比例很低，值得稱道；但前提是要達到這個效果，必須有很大的資源，包含交通費用、請假或代班費用、有效的動員人力……等。

本研究無法有這麼充足的資源，只能徵求志願參加者，和國內過去做過的無異，所以這可能有樣本「自我選擇」的偏誤。

但幸而本研究的重點，以及其他多數審議式民調案例的重點，都在於參加論壇的受訪者（在本研究為家長），其於審議過程之前和之後，在態度上的變化；而不全在於參加審議過程的受訪者，其整體意見和全體受訪者有何差異。所以本案的結果，應當還是有重要參考價值。

（二）場地、時間及家長分組

家長論壇集合台北市、新北市、基隆市三地家長於一地舉辦，基於交通便利性、場地需具公信力等因素，本研究向國立台灣大學社會科學院借用位於台北市徐州路的國際會議廳及教室場地。舉辦時間為 2013 年 4 月 20 日 8 時 30 分至 17 時 30 分。

此外，考量分組討論時能夠讓每位與會者暢所欲言，交換更多的意見和想法，研究團隊規劃由 12 位家長組成一個組別，共120 人，最後前來與會的家長為 112 位，因此每組人數為 11～12 人。且為讓意見交流的過程更為順利，每個組別安排 2 位工作人員，分別擔任主持人／助理主持人的角色，以期能夠在家長論壇的分組討論中，完整蒐集與會者的意見和建議，梳理出北北基家長對我國教育政策議題的看法。

（三）議程規劃

議程如表 2-11 所示，茲簡要說明如下：

表 2-11 「十二年國教規劃方案研究」基北區家長論壇議程

時間	內容	主持人	地點
08：30-09：00	報到		綜合大樓一樓
09：00-09：15	開幕式	朱雲鵬教授	國際會議廳
09：15-09：30	論壇程序說明	王立昇教授	國際會議廳
09：30-10：10	論壇主題說明	吳順德教授	國際會議廳
10：10-10：30	合影、茶點		綜合大樓一樓
10：30-12：30	分組討論（一）	各組主持人	各組會議室
12：30-13：30	用餐		各組會議室
13：30-15：30	專家對談	林國明教授	國際會議廳
15：30-15：40	茶點		綜合大樓一樓
15：40-17：00	分組討論（二）	各組主持人	各組會議室
17：00-17：10	填寫後測問卷	各組主持人	各組會議室
17：10-17：30	綜合座談、閉幕式	朱雲鵬教授	國際會議廳
17：30	賦歸		

1. 論壇程序說明：說明審議式民主之內涵及精神，以及籌辦論壇
   的目的。

2. 論壇主題說明：由吳順德教授向與會公民，進行會議手冊及
   十二年國教入學方式說明，並簡述議題內容，增進公民們於分
   組討論時之意見提供與想法激盪。會議中的討論題綱如下：

   (1)超額比序項目相關問題

   　　A.請問您是否贊成將志願序積分列為超額比序項目之一？

   　　B.未列入「國中教育會考」考科的健康與體育、藝術與人

文與綜合活動三大領域中，您贊成將哪些領域納入「均衡學習」超額比序積分項目中？

C.您是否贊成將服務學習納入超額比序項目中？

D.請問您是否贊成將會考成績納入超額比序項目中？

(2)順次同分的解決辦法

A.您是否贊成同分之學生以抽籤的方式決定入學資格？

B.當免試入學超額比序條件所有順次均同分時，您是否贊成同分之學生以增加會考成績等級來決定入學資格（例如：由三等級增加到五等級或更多）？

C.當免試入學超額比序條件所有順次均同分時，假定非得從「抽籤」與「增加會考等級」中作選擇，您支持以下哪一個方案？

D.當免試入學超額比序條件所有順次均同分時，若入學資格不以「抽籤」或「增加會考成績等級」來決定，您建議以何種方式來決定入學資格？

(3)免試與特色招生

A.請問您認為基北區免試入學學生占全體招生名額之比例，以下列何者較為合適？

B.有人認為，公立「傳統名校」免試名額大幅增加之後，將促使私立「傳統名校」蓬勃發展。請問您是否同意這樣的說法？

C.有人認為，為了降低升學壓力，應讓俗稱之公立傳統名校逐漸消失；也有人認為，為了維持中學生的學科能力

和對弱勢家庭的照顧，公立傳統名校應當維持，以免讓高學費的私立傳統名校成為主流和唯一選擇。請問您贊成哪一種說法？

(4)其他

A.您認為十二年國教應該最優先達成的目標為何？

B.根據您的瞭解，現規劃之十二年國教實施方案，令您最憂心的項目有哪些？

3. 分組討論：由一位主持人及一位協同主持人帶領整個小組討論十二年國教入學政策議題、彙整意見與問題。各組於專家對談中所提出的問題擇要略述如下：

(1)就近入學是否適宜納入超額比序項目？

(2)教育政策模糊不清，比序內容有問題，最後一定會抽籤，如何解決？

(3)不清楚超額比序的方式。在校成績列入超額比序較公平。

(4)志願序算分有問題，同分以抽籤決定錄取，沒抽到損失3分不公平。心測中心公布考題中，題目依難易度分等級，但考試依答對題數計分，不清楚到底如何計分。

(5)抽籤絕對不公平，可以採校排名。鼓勵多元發展，但只能填一個第一志願，不合理。另外，何謂特色招生？

4. 專家學者回答問題

本論壇邀請薛春光理事長、季瑋珠教授、徐瑞婷主任、陳麗雯召集人、陳今珍校長、劉益宏副教授共六位專家學者與會，由林國明教授主持，回覆與會公民們於第一次分組討論時所提之

問題。藉由專家學者們的回應，期能釐清相關知識和觀念，拓展與會公民對議題的思考和認知。

表 2-12　專家學者代表名錄

姓名	單位	職稱
薛春光	全國中小學校長協會	理事長
季瑋珠	台灣大學公共衛生學系	家長 / 教授
徐瑞婷	台北市教師會政策部	主任
陳麗雯	新北市家長協會教育委員會召集人 「十二年國教教戰祕笈：校園達人就是你」作者	家長 / 作家
陳今珍	台北市華江高中	校長
劉益宏	中原大學機械系	家長 / 副教授

5. 填寫後測問卷：本論壇之目的之一，在於瞭解公民經過一整天的會議及討論之後，對於議題的態度與認識是否有所不同。因此，後測問卷與前測問卷之問項必須具有一致性。

綜合上述，整體工作辦理期程如表 2-13 所示。

表 2-13 辦理期程（102 年）

日期	工作內容
1 月 17 日	工作會議
1 月 23 日	完成前測問卷初稿
2 月 02 日	第一次諮詢委員會議（討論主題、問卷內容）
2 月 20 日	工作小組會議（討論問卷內容、專家名單）
2 月 21 日	前測問卷試測
2 月 25 日	專家檢定信度及效度
3 月 15 日	發文及問卷送教育局、處（轉送各國中）
3 月 30 日	第二次諮詢委員會議（討論議題手冊）
4 月 01 日	回收前測問卷，送民調公司讀取分析
4 月 08 日	確認家長論壇參與名單
4 月 08 日	完成議題手冊並寄出家長邀請函
4 月 09 日	分組主持人研習會
4 月 16 日	論壇準備工作會議
4 月 20 日	基北區家長論壇
5 月 30 日	提交期末報告

第 6 節　家長本尊贊成名校抽籤入學嗎？

一、前測問卷統計結果（1,113 位）

（一）樣本結構

　　本研究母體群以台北市、新北市、基隆市三地區，有子女就

讀七年級或八年級之家庭的家長為基準。前測民調採紙本問卷方
式進行調查,係根據教育部學生人數統計作為抽樣清冊,以隨機
系統抽樣法抽出符合各校學生比例的人數,再依照 Excel 亂數表
產生起始值進行前測問卷抽樣調查,並將問卷發給各該學生之家
長。總計有效問卷數量為 1,113 份,樣本及母體之縣市分布對照
如下表所示,由表中可知,本研究前測問卷樣本之居住區域分布
和學生分布比率相當接近。

表 2-14　前測問卷母體樣本分布對照表

	七年級與八年級學生人數(人)	百分比(%)	樣本數(人)	百分比(%)
台北市	57,016	37.1	428	38.5
基隆市	9,241	6.0	78	7.0
新北市	87,276	56.8	607	54.5
總計	153,533	100.0	1,113	100.0
	學生人數(人)	百分比(%)	樣本數(人)	百分比(%)
七年級	78,582	51.2	507	45.6
八年級	74,951	48.8	606	54.4
總計	153,533	100.0	1,113	100.0

資料來源:教育部

　　本次調查的家長樣本中,受訪的女性較男性為多,分別為
68.5% 及 31.5%;就年齡來說,40～49 歲最多,占 68.9%;以教

育程度而言，高中（職）學歷者最多，占 39.3%；以居住縣市來
說，在新北市者最高，占 54.5%；以家庭年收入來說，在 114 萬
（含）以下者最多，占 67.7%。就家長職業來說，以家管者最多，
占 17.6%，其次為私人公司職員（15.3%）；以孩子目前就讀年
級而言，為八年級（國二）者較多，占 54.4%；以孩子性別來說，
為女生者較高，占 45.4%（15% 未回答）；以孩子總體學業表現
來說，表現普通者最多，占 45.6%；就孩子未來升學傾向來看，
技藝型及不確定者均占三成左右。詳見表 2-14 及表 2-15。

表 2-15　前測問卷樣本統計結構

項目	樣本數	百分比（%）
性別		
男性	351	31.5
女性	762	68.5
年齡		
30-34 歲	27	2.4
35-39 歲	150	13.5
40-44 歲	405	36.4
45-49 歲	362	32.5
50-54 歲	126	11.3
55-59 歲	33	3.0
60 歲以上	10	0.9
教育程度		

（續）

項目	樣本數	百分比（％）
國（初）中及以下	96	8.6
高中（職）	437	39.3
專科	254	22.8
大學	230	20.7
研究所及以上	96	8.6
家庭年收入		
114 萬（含）以下	753	67.7
超過 114 萬	360	32.3
職業		
軍公教	106	9.5
勞工／生產（技術）人員	121	10.9
私人公司職員	170	15.3
中階／基層主管	109	9.8
企業主／高階主管	64	5.8
專業人士（醫師、律師）	27	2.4
外勤／業務人員	35	3.1
自由業	108	9.7
家管	196	17.6
待業	11	1.0
其他	166	14.9
子女性別		
男生	440	39.5
女生	505	45.4
未回答	168	15.1

（續）

項目	樣本數	百分比（%）
孩子總體學業表現		
優秀	235	21.1
普通	508	45.6
待加強	209	18.8
未回答	161	14.5
孩子未來升學傾向		
學術型	264	23.7
技藝型	336	30.2
不確定	359	32.3
未回答	154	13.8
議題瞭解程度		
認為有些瞭解或非常瞭解	559	50.3
答對第一題	600	53.9
答對第二題	523	47.0
答對第三題	416	37.4
整體	1,113	100.0

（二）問卷設計架構

本研究前後測問卷調查分別於家中及論壇會場施測；設計完成的問卷包含二十六題，主要分成三個面向，茲分述如下：

1. 探詢受訪者對於議題的認識程度（第一題到第四題）

在第一題至第四題中，設計了一題對十二年國教入學制度瞭解程度自我認知問題，以及三題選擇題，測驗受訪者對十二年國

教眞實瞭解程度，配合第三部分受訪者基本資料，可分析不同群體受訪者議題瞭解程度，以及自我認知和眞實瞭解之差異。

2. 探詢受訪者對於議題的態度（第五題到第十七題）

題目範圍涵蓋：超額比序方式、免試入學方式、傳統名校存廢、十二年國教最應達成之目標、最憂心的項目等。其中第五題與第十二題爲超額比序項目，即申請者超過錄取名額時學校選擇學生的基準，依次詢問受訪者對志願序積分、均衡學習領域、服務學習、會考成績、抽籤、增加會考等級等項目是否採計之看法。

第十三題詢問受訪者對於性向、興趣、能力較明確的學生以特色招生入學之外，其他採免試入學的學生應占多少比例；第十四題和第十五題主軸爲傳統名校，第十四題由公立傳統名校免試名額大增，詢問受訪者對私立傳統名校是否將會蓬勃發展，第十五題對於公立傳統名校的存廢，引正反兩方時論：公立學校消失可減輕學生壓力及公立傳統名校可維持學生學科能力及照顧弱勢，詢問受訪者意見。

第十六題列出減輕升學壓力、增強孩子競爭力、提升教學品質、讓孩子找到自己的興趣及性向、其他（自填選項）等教育目標，詢問受訪者十二年國教應優先達成何者。第十七題列出九個固定選項及自由填答之其他選項，希望瞭解受訪者對當時規劃之十二年國教方案最憂心的項目。

3. 基本資料說明（共九題）

基本資料調查分別從基本的人口特徵資料：性別、年齡別、教育程度、居住縣市、家庭年收入等問項，其中家庭年收入調查

則依當時暫訂之十二年國教免學費排富條款分為 114 萬（含）以下和超過 114 萬（後來改為 148 萬），來瞭解不同類別的受訪者對於十二年國教入學議題的態度與意向。

前測問卷第十八題設計意願調查，徵詢受訪者參加論壇意願及連絡方式；後測問卷則增加七題滿意度調查，提供審議式民主論壇改進的方向。

此外，在問卷題的文字敘述上，則針對每個議題提出正方及反方的敘述，讓受訪者依己身的價值選擇支持的立場及觀點，以落實審議式民主的意涵。

（三）前測問卷結果統計

茲列示本問卷中，各問題問項（不含人口特徵變數資料）之統計結果如下：

第一部分、議題知識程度

【第 1 題】整體而言，請問您對十二年國教基北區「高中高職及五專免試入學實施方案」的瞭解程度如何？

非常瞭解	有些瞭解	不太瞭解	非常不瞭解	未回答	合計*
3.8	46.5	40.0	9.4	0.4	100.0
50.3		49.4			

* 由於四捨五入，各項所顯示數目的加總，不一定為 100。其他表亦同。

【第 2 題】根據您的瞭解，現在已公告的十二年國教高中高職及
　　　　　五專免試入學實施方案是否適用於您在國中七年級
　　　　　（舊稱「國一」）或國中八年級（舊稱「國二」）就
　　　　　讀的孩子？（第 2-4 題答案劃底線者為正確答案）

適用	不適用	不清楚	未回答	合計
53.9	15.1	30.4	0.6	100.0

【第 3 題】根據您的瞭解，依目前規劃，教育部十二年國教「國
　　　　　中教育會考」中之數學科有沒有非選擇題？

有	沒有	不清楚	未回答	合計
47.0	9.2	43.4	0.4	100.0

【第 4 題】根據您的瞭解，依目前規劃，十二年國教實施時，基
　　　　　北區免試入學名額（含直升入學）占全區核定招生總
　　　　　名額的比例為多少？

至少四分之一（25%）	至少二分之一（50%）	至少四分之三（75%）	全部免試（100%）	不清楚	未回答	合計
7.5	7.3	37.4	7.5	39.6	0.7	100.0

第二部分、議題態度

【第1題】請問您是否贊成將志願序積分列為超額比序項目之
一？（%）

非常贊成	贊成	不贊成	非常不贊成	沒意見	未回答	合計
5.8	35.4	21.9	7.2	27.8	1.9	100.0
41.2		29.1				

【第2題】依目前規劃，並未列入「國中教育會考」考科的健康
與體育、藝術與人文與綜合活動三大領域將以「均衡
學習」名義納入超額比序積分中，任何一科獲得積分
之條件為：七年級上學期（國一上）到九年級上學期
（國三上）五學期平均成績及格。請問上述三領域中，
您贊成將哪些領域納入均衡學習」超額比序積分項目
中？（可複選）

項　　目	次數	百分比
綜合活動（包含輔導活動、童軍活動、家政活動、團體活動）	572	51.4
健康與體育（包含健康教育與體育）	567	50.9
藝術與人文（包含視覺藝術、音樂與表演藝術）	484	43.5
都不應納入	247	22.2
未回答	25	2.2
合計	-	170.3

【第 3 題】您是否贊成將服務學習納入超額比序項目中？（%）

非常贊成	贊成	不贊成	非常不贊成	沒意見	未回答	合計
12.0	38.1	20.4	8.4	19.3	1.8	100.0
50.1		28.8				

【第 4 題】依目前規劃，基北區免試入學超額比序條件中，國中
教育會考成績滿分 30 分，共考五科，各科表現區分
為「精熟」、「基礎」、「待加強」三個等級。請問
您是否贊成將會考成績納入超額比序項目中？（%）

非常贊成	贊成	不贊成	非常不贊成	沒意見	未回答	合計
10.5	46.6	12.4	3.1	26.0	1.4	100.0
57.1		15.5				

【第 5 題】當免試入學超額比序條件所有順次均同分時，您是否
贊成同分之學生以抽籤的方式決定入學資格？（%）

贊成	不贊成	未回答	合計
30.2	68.9	0.9	100.0

【第 6 題】當免試入學超額比序條件所有順次均同分時，您是否
贊成同分之學生以增加會考成績等級來決定入學資
格？（%）

贊成	不贊成	未回答	合計
69.0	29.4	1.6	100.0

【第 7 題】當免試入學超額比序條件所有順次均同分時，假定非
得從「抽籤」與「增加會考等級」中作選擇，您支持
以下哪一個方案？（%）

抽籤	增加會考成績等級至各科五級分，同分人數仍過多時以抽籤方式決定	增加會考成績等級至不須以抽籤方式決定入學資格為止	採用會考答對題數決定入學資格	未回答	合計
18.3	19.7	35.0	24.7	2.3	100.0

【第 8 題】當免試入學超額比序條件所有順次均同分時，若入學
資格不以「抽籤」或「增加會考成績等級」來決定，
您建議以何種方式來決定入學資格？（自由填答）

項　目	次數	百分比
增額／同時錄取	92	8.3
以在校成績決定	88	7.9
在地優先就近入學	71	6.4
以會考成績總分／增加等級	136	12.2
品性／獎懲、操行成績	50	4.5
在校表現	42	3.8
口試或面談	39	3.5
另加考 IQ 或 EQ 測驗	22	2.0
採計學習服務時數	22	2.0
依學生意願／興趣／填志願排序	33	3.0
抽籤	16	1.4
增加超額比序項目／條件	16	1.4
特殊才藝／表現／校外競賽獎項	26	2.4
其他	82	7.4
想不出其他方式	16	1.4
未回答	455	40.9
合計	-	108.4

【第9題】請問您認為基北區免試入學學生占全體招生名額之比例，以下列何者較為合適？（%）

至少四分之一（25%）	至少二分之一（50%）	至少四分之三（75%）	全部免試（100%）	不清楚	未回答	合計
9.8	19.1	26.6	21.7	19.7	3.1	100.0

【第 10 題】有人認為，公立「傳統名校」免試名額大幅增加之後，
　　　　　　　將促使私立「傳統名校」蓬勃發展。請問您是否同
　　　　　　　意這樣的說法？（%）

非常同意	同意	不同意	非常不同意	沒意見	未回答	合計
9.1	29.5	22.8	2.6	34.7	1.3	100.0
38.6		25.4				

【第 11 題】有人認為，為了降低升學壓力，應讓俗稱之公立傳
　　　　　　　統名校逐漸消失；也有人認為，為了維持中學生的
　　　　　　　學科能力和對弱勢家庭的照顧，公立傳統名校應當
　　　　　　　維持，以免讓高學費的私立傳統名校成為主流和唯
　　　　　　　一選擇。請問您贊成哪一種說法？（%）

非常贊成公立傳統名校的存在	贊成公立傳統名校的存在	反對公立傳統名校的存在	非常反對公立傳統名校的存在	沒意見	未回答	合計*
21.4	44.9	7.6	3.3	20.9	1.8	100.0

【第 12 題】您認為十二年國教應該最優先達成的目標為：（可複選）

項　　目	次數	百分比
讓孩子找到自己的興趣及性向	547	49.1
提升教學品質	280	25.2
增強孩子的競爭力	207	18.6
減輕升學壓力	203	18.2
其他	37	3.3
未回答	18	1.6
合計	-	116.1

【第 13 題】根據您的瞭解，現規劃之十二年國教實施方案令您最憂心的項目有哪些？（可複選，但最多選三項）

項　　目	次數	百分比
入學制度太複雜	554	49.8
孩子的壓力無法減輕	502	45.1
抽籤決定升學學校	480	43.1
學校程度參差不齊，無法改善	360	32.3
教學品質下降	352	31.6
孩子的競爭力下降	308	27.7
超額比序項目不合理	292	26.2
高職弱化	110	9.9
公立傳統名校消失	94	8.4

（續）

項　　目	次數	百分比
其他	21	1.9
末回答	45	4.0
合計	-	280.1

（四）前測問卷結果摘要

　　由前測問卷統計結果，可得以下結論：

1. 基北區家長對十二年國教相關議題的瞭解程度

　　調查結果發現，50.2%的家長認為自己瞭解十二年國教基北區「高中高職及五專免試入學實施方案」（其中表示「非常瞭解」占3.8%，表示「有些瞭解」占46.5%），49.4%的家長表示不瞭解（其中表示「不太瞭解」占40.0%，「非常不瞭解」占9.4%），另外有0.4%的家長未回答。

　　在本問卷中另設置三題（第二題到第四題），測試家長對十二年國教入學方案的知識程度，結果發現，第二題、第三題與第四題答對的比率分別為53.9%、47.0%與37.4%，顯示受訪者自我認知對議題瞭解程度與實際瞭解程度近似，約近半受訪者對十二年國教入學方案並不熟悉。

2. 基北區家長對十二年國教相關議題抱持的態度

　　對於將綜合活動（包含輔導活動、童軍活動、家政活動、團體活動）、服務學習及會考成績等納入超額比序項目，基北區家長均有五成以上比例表示贊成，其中又以納入會考成績表示贊成的比例最高（57.1%），而納入志願序積分為項目之一只有四成

比例左右。

當免試入學超額比序條件所有順次均同分時，不贊成用抽籤方式決定入學資格的比例高達六成九，而有近七成家長贊成「增加會考成績等級」來決定入學資格。另外，如既不抽籤亦不增加會考級數時，家長自由提出的解決方式則以「增加錄取人數／名額」的比例最高（8.3%）。

此外，有高達六成六的家長仍贊成公立傳統名校的存在，僅一成一的家長反對，顯示大部分基北區家長仍有希望子女就讀公立傳統名校的觀念，因此認為公立傳統名校有存在的必要。

對於十二年國教應該最優先達成的目標，有近五成的家長均認為以「讓孩子找到自己興趣及性向」為首要目標，然而「入學制度太複雜」則也是近五成家長對現規劃之十二年國教實施方案最憂心的項目。

二、參加論壇家長之樣本結構

本次論壇總計邀約 120 位家長參加，最後有 112 位家長與會，後測問卷調查共回收 112 筆有效樣本，在 95% 的信心水準下，抽樣誤差為正負 9.3 個百分點。後測問卷樣本統計結構如表 2-16 所示。

本次調查的家長樣本中，男性占 33.0%，女性占 67.0%；就年齡來說，40 ～ 49 歲與 35 ～ 44 歲最多，分別占 45.5% 與 39.3%；以教育程度而言，大學及專科學歷者較多，分別占 30.4% 及 29.5%；以家庭年收入來說，超過 114 萬者較多，占 51.8%。

　　就家長職業來說，以家管者最多，占 24.1%，其次為軍公教
（14.3%）；以孩子目前就讀年級而言，為八年級（國二）者最多，
占 47.3%；以孩子性別來說，為女生者最高，占 45.5%；以孩子
總體學業表現來說，表現普通者較多，占 39.3%；就孩子未來升
學傾向來看，以學術型者占 37.5% 最多。

表 2-16　後測問卷樣本統計結構

項　　目	樣本數	百分比（%）
性別		
男性	37	33.0
女性	75	67.0
年齡別		
35-44 歲	44	39.3
45-49 歲	51	45.5
50 歲以上	17	15.2
教育程度		
高中（職）及以下	31	27.7
專科	33	29.5
大學	34	30.4
研究所及以上	14	12.5
家庭年收入		
114 萬（含）以下	54	48.2
超過 114 萬	58	51.8
職業		

（續）

項　　目	樣本數	百分比（%）
軍公教	16	14.3
勞工／生產（技術）人員	3	2.7
私人公司職員	13	11.6
中階／基層主管	14	12.5
企業主／高階主管	12	10.7
專業人士（醫師、律師）	4	3.6
外勤／業務人員	3	2.7
自由業	6	5.4
家管	27	24.1
其他	14	12.5
孩子目前就讀年級		
七年級（國一）	44	39.3
八年級（國二）	53	47.3
未回答	15	13.4
孩子性別		
男生	47	42.0
女生	51	45.5
未回答	14	12.5
孩子總體學業表現		
優秀	42	37.5
普通	44	39.3
待加強	12	10.7
未回答	14	12.5
孩子未來升學傾向		

（續）

項　　目	樣本數	百分比（%）
學術型	42	37.5
技藝型	29	25.9
不確定	26	23.2
未回答	15	13.4
整體	112	100.0

三、與會公民前測及後測問卷統計對照結果

　　本研究欲瞭解參與論壇的 112 位公民，對於我國十二年國教入學制度的認知和態度是否有所變化，以及與經由電話受訪的 1,113 位公民，其態度與認知之比較。茲列示同樣的問卷題目第 1 題至第 12 題之結果如下：

【第 1 題】請問您是否贊成將志願序積分列為超額比序項目之一？（%）

	非常贊成	贊成	不贊成	非常不贊成	沒意見	未回答	合計
1,113 位前測結果	5.8	35.4	21.9	7.2	27.8	1.9	100.0
與會公民 112 位前測結果	7.1	31.3	33.9	11.6	14.3	1.8	100.0
與會公民 112 位後測結果	9.8	32.1	33.9	17.0	6.3	0.9	100.0

【第2題】依目前規劃，並未列入「國中教育會考」考科的健康
　　　　與體育、藝術與人文與綜合活動三大領域將以「均衡
　　　　學習」名義納入超額比序積分中，任何一科獲得積分
　　　　之條件為：七年級上學期（國一上）到九年級上學期
　　　　（國三上）五學期平均成績及格。請問上述三領域中，
　　　　您贊成將哪些領域納入「均衡學習」超額比序積分項
　　　　目中？（可複選）

項目	1,113 位前測結果		與會公民 112 位前測結果		與會公民 112 位後測結果	
	次數	百分比	次數	百分比	次數	百分比
健康與體育（包含健康教育與體育）	567	50.9	55	49.1	70	62.5
藝術與人文（包含視覺藝術、音樂與表演藝術）	484	43.5	58	51.8	73	65.2
綜合活動（包含輔導活動、童軍活動、家政活動、團體活動）	572	51.4	62	55.4	78	69.6
都不應納入	247	22.2	30	26.8	20	17.9
未回答	25	2.2	1	0.9	2	1.8
合計	-	170.3	-	183.9	-	217.0

【第3題】您是否贊成將「服務學習」納入超額比序項目中？（%）

	非常贊成	贊成	不贊成	非常不贊成	沒意見	未回答	合計*
1,113位前測結果	12.0	38.1	20.4	8.4	19.3	1.8	100.0
與會公民112位前測結果	12.5	39.3	33.0	8.0	7.1	-	100.0
與會公民112位後測結果	19.6	26.8	20.5	14.3	16.1	2.7	100.0

【第4題】依目前規劃，基北區免試入學超額比序條件中，國中教育會考成績滿分30分，共考五科，各科表現區分為「精熟」、「基礎」、「待加強」三個等級。請問您是否贊成將會考成績納入超額比序項目中？（%）

	非常贊成	贊成	不贊成	非常不贊成	沒意見	未回答	合計
1,113位前測結果	10.5	46.6	12.4	3.1	26.0	1.4	100.0
與會公民112位前測結果	20.5	53.6	11.6	3.6	8.9	1.8	100.0
與會公民112位後測結果	33.9	48.2	8.0	3.6	4.5	1.8	100.0

【第 5 題】當免試入學超額比序條件所有順次均同分時，您是否贊成同分之學生以抽籤的方式決定入學資格？（%）

	贊成	不贊成	未回答	合計
1,113 位前測結果	30.2	68.9	0.9	100.0
與會公民 112 位前測結果	24.1	75.0	0.9	100.0
與會公民 112 位後測結果	19.6	78.6	1.8	100.0

【第 6 題】當免試入學超額比序條件所有順次均同分時，您是否贊成同分之學生以增加會考成績等級來決定入學資格？（%）

	贊成	不贊成	未回答	合計
1,113 位前測結果	69.0	29.4	1.6	100.0
與會公民 112 位前測結果	73.2	25.9	0.9	100.0
與會公民 112 位後測結果	90.2	8.0	1.8	100.0

　　以上這三題是整個升學制度的關鍵。為了更清楚展示家長們對此三題的態度，我們特別把結果也畫成圖 2-1、2-2 和 2-3，可以讓讀者一目了然。

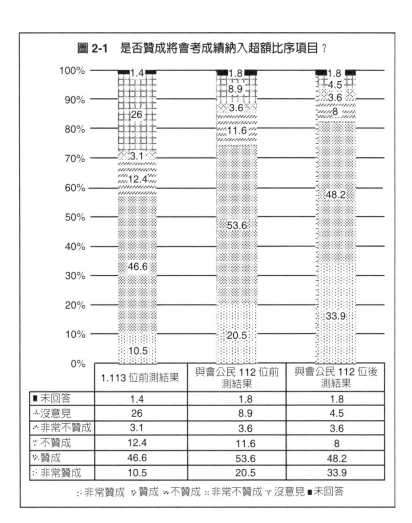

圖 2-1 是否贊成將會考成績納入超額比序項目？

	1,113 位前測結果	與會公民 112 位前測結果	與會公民 112 位後測結果
■ 未回答	1.4	1.8	1.8
沒意見	26	8.9	4.5
非常不贊成	3.1	3.6	3.6
不贊成	12.4	11.6	8
贊成	46.6	53.6	48.2
非常贊成	10.5	20.5	33.9

∴非常贊成 ⁖贊成 ×不贊成 ※非常不贊成 ⊤沒意見 ■未回答

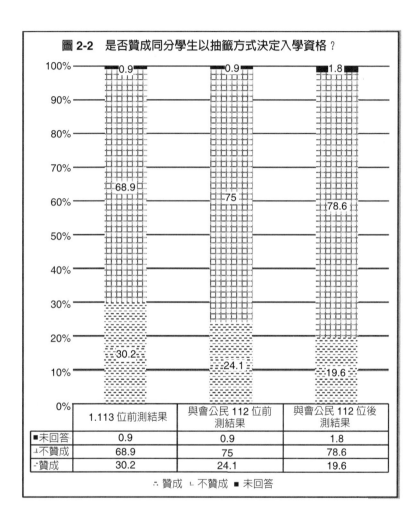

圖 2-2 是否贊成同分學生以抽籤方式決定入學資格？

	1.113 位前測結果	與會公民 112 位前測結果	與會公民 112 位後測結果
■未回答	0.9	0.9	1.8
⌐不贊成	68.9	75	78.6
⌐贊成	30.2	24.1	19.6

∴ 贊成 ⌐ 不贊成 ■ 未回答

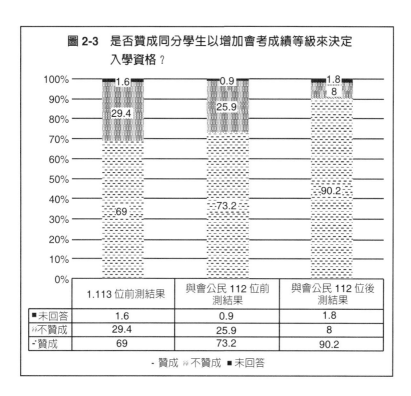

圖2-3　是否贊成同分學生以增加會考成績等級來決定入學資格？

	1.113位前測結果	與會公民112位前測結果	與會公民112位後測結果
■未回答	1.6	0.9	1.8
不贊成	29.4	25.9	8
贊成	69	73.2	90.2

- 贊成　不贊成　■未回答

【第7題】當免試入學超額比序條件所有順次均同分時，假定非得從「抽籤」與「增加會考等級」中作選擇，您支持以下哪一個方案？（%）

	抽籤	增加會考成績等級至各科五級分，同分人數仍過多時以抽籤方式決定	增加會考成績等級至不須以抽籤方式決定入學資格為止	採用會考答對題數決定入學資格	未回答	合計
1,113 位前測結果	18.3	19.7	35.0	24.7	2.3	100.0
與會公民 112 位前測結果	10.7	20.5	42.9	23.2	2.7	100.0
與會公民 112 位後測結果	11.6	16.1	36.6	35.7	-	100.0

【第 8 題】當免試入學超額比序條件所有順次均同分時，若入學
資格不以「抽籤」或「增加會考成績等級」來決定，
您建議以何種方式來決定入學資格？（請填寫）

項目	1,113 位前測結果		與會公民 112 位前測結果		與會公民 112 位後測結果	
	次數	百分比	次數	百分比	次數	百分比
以校排成績名次決定	-	-	-	-	22	19.6
以在校成績決定	88	7.9	12	10.7	16	14.3
以會考成績總分／增加等級	136	12.2	12	10.7	14	12.5
口試或面談	39	3.5	9	8.0	9	8.0
增額／同時錄取	92	8.3	10	8.9	8	7.1
品性／獎懲、操行成績	50	4.5	6	5.4	5	4.5

（續）

項目	1,113 位前測結果		與會公民 112 位前測結果		與會公民 112 位後測結果	
	次數	百分比	次數	百分比	次數	百分比
在地優先／就近入學	71	6.4	7	6.3	3	2.7
另加考 IQ 或 EQ 測驗	22	2.0	4	3.6	2	1.8
特殊才藝表現／校外競賽獎項	26	2.4	3	2.7	2	1.8
在校表現	42	3.8	10	8.9	2	1.8
看作文寫作能力／級數高低	-	-	-	-	2	1.8
增加超額比序項目／條件	16	1.4	-	-	2	1.8
各校自行甄選／決定	-	-	-	-	2	1.8
採計學習服務時數	22	2.0	-	-	-	-
依學生意願／興趣／填志願排序	33	3.0	-	-	-	-
抽籤	16	1.4	-	-	-	-
其他	82	7.4	16	14.3	10	8.9
我想不出其他方式	16	1.4	-	-	30	26.8
未回答	455	40.9	25	22.3	2	1.8
合計	-	108.4	-	111.6	-	117.0

【第 9 題】請問您認爲基北區免試入學學生占全體招生名額之比
　　　　　例，以下列何者較爲合適？（%）

	至少四分之一（25%）	至少二分之一（50%）	至少四分之三（75%）	全部免試（100%）	不清楚	未回答	合計
1,113 位前測結果	9.8	19.1	26.6	21.7	19.7	3.1	100.0
與會公民 112 位前測結果	15.2	21.4	31.3	18.8	11.6	1.8	100.0
與會公民 112 位後測結果	10.7	28.6	36.6	17.9	4.5	1.8	100.0

【第 10 題】有人認爲，公立「傳統名校」免試名額大幅增加之後，
　　　　　　將促使私立「傳統名校」蓬勃發展。請問您是否同
　　　　　　意這樣的說法？（%）

	非常同意	同意	不同意	非常不同意	沒意見	未回答	合計*
1,113 位前測結果	9.1	29.5	22.8	2.6	34.7	1.3	100.0
與會公民 112 位前測結果	13.4	36.6	25.0	5.4	18.8	0.9	100.0
與會公民 112 位後測結果	27.7	28.6	29.5	1.8	12.5	-	100.0

【第 11 題】有人認為,為了降低升學壓力,應讓俗稱之公立傳
統名校逐漸消失;也有人認為,為了維持中學生的
學科能力和對弱勢家庭的照顧,公立傳統名校應當
維持,以免讓高學費的私立傳統名校成為主流和唯
一選擇。請問您贊成哪一種說法?(%)

	非常贊成公立傳統名校的存在	贊成公立傳統名校的存在	反對公立傳統名校的存在	非常反對公立傳統名校的存在	沒意見	未回答	*合計
1,113 位前測結果	21.4	44.9	7.6	3.3	20.9	1.8	100.0
與會公民112 位前測結果	33.9	48.2	8.0	3.6	4.5	1.8	100.0
與會公民112 位後測結果	37.5	52.7	2.7	1.8	5.4	-	100.0

【第 12 題】您認為十二年國教應該最優先達成的目標為：（可複選）

項目	1,113 位前測結果		與會公民 112 位前測結果		與會公民 112 位後測結果	
	次數	百分比	次數	百分比	次數	百分比
減輕升學壓力	203	18.2	13	11.6	11	9.8
增強孩子的競爭力	207	18.6	32	28.6	31	27.7
提升教學品質	280	25.2	28	25.0	27	24.1
讓孩子找到自己的興趣及性向	547	49.1	52	46.4	55	49.1
其他	37	3.3	10	8.9	4	3.6
未回答	18	1.6	1	0.9	-	-
合計	-	116.1	-	121.4	-	114.3

【第 13 題】根據您的瞭解，現規劃之十二年國教實施方案令您最憂心的項目有哪些？（可複選，但最多選三項）

項目	1,113 位前測結果		與會公民 112 位前測結果		與會公民 112 位後測結果	
	次數	百分比	次數	百分比	次數	百分比
抽籤決定升學學校	480	43.1	55	49.1	72	64.3
超額比序項目不合理	292	26.2	32	28.6	49	43.8
孩子的壓力無法減輕	502	45.1	46	41.1	42	37.5
入學制度太複雜	554	49.8	47	42.0	38	33.9

（續）

項目	1,113 位前測結果		與會公民 112 位前測結果		與會公民 112 位後測結果	
	次數	百分比	次數	百分比	次數	百分比
學校程度參差不齊，無法改善	360	32.3	44	39.3	32	28.6
孩子的競爭力下降	308	27.7	40	35.7	31	27.7
教學品質下降	352	31.6	35	31.3	27	24.1
高職弱化	110	9.9	13	11.6	22	19.6
公立傳統名校消失	94	8.4	14	12.5	8	7.1
其他	21	1.9	4	3.6	6	5.4
未回答	45	4.0	-	-	-	-
合計	-	280.1	-	294.6	-	292.0

　　就整體而言，有近九成的家長對這次的論壇活動表示滿意，顯示舉辦此類型的論壇活動明顯有助於家長們增進對十二年國教的入學方式的瞭解程度，家長們也透過「專家對談」及「小組討論」獲得了更多關於十二年國教入學方式的訊息。

　　綜合前述統計，本研究對照前後測之結果，與會家長前測表達贊成增加會考等級者占 73%，後測增加至 90%。與會者會前有 82% 贊成公立傳統名校繼續存在，後測增加至 90%。而有 75% 的與會者在前測時表達反對在超額比序同分時，以抽籤方式決定入學，經過一整天的審議式民主論壇後，比率增至 79%。

　　全體家長樣本（1,113 人）被問及目前十二年國教方案中最令他們憂心的前三名項目時，50% 選擇「入學制度太複雜」、

45% 選擇「孩子的壓力無法減輕」、43% 選擇「抽籤決定升學學校」；參加公民會議的 112 位家長在論壇前最憂心的三個項目則分別為：49% 選擇「抽籤決定升學學校」、42% 選擇「入學制度太複雜」、41% 選擇「孩子的壓力無法減輕」；經過一天公民會議以後，憂心「抽籤決定升學學校」的比例由 43% 上升到 64%、「超額比序項目不合理」自 28% 上升到 43%，擔心「入學制度太複雜」、「孩子的壓力無法減輕」的比例，則分別下滑至 34% 與 38%。民眾選擇「入學制度太複雜」的比例在會後減少，可見審議式民主論壇有助於民眾對議題之理解，轉而對制度細節不完善感到憂心。

在全體家長樣本中，有 39% 認為：公立傳統名校免試名額增加將促使私立名校蓬勃發展，23% 的人不同意這種說法；參加公民會議的家長，會前「同意」與「不同意」的比例則分別為 50%、30%；經過一天公民會議以後，同意這項說法的比例升至 56%，而不同意這種說法的比例小幅上升至 31%。

另外，全體家長樣本的問卷結果顯示，50% 的家長表示瞭解十二年國教免試入學實施方案、54% 的家長知道該方案將適用於其子女，有填答的其他 45% 則表示不清楚或不適用，顯示為數不少的家長仍對十二年國教非常陌生。在論壇的綜合座談中，有家長建議要再加強宣導，並由縣市教育主管機關通令轄內各國中建置意見交流及問題詢答的網頁。

而在後測問卷中亦詢問參與公民對論壇之滿意度。其主要結果如下：經過參與論壇活動一天的討論，近八成的家長均表示對

十二年國教的入學方式有更加的瞭解。此外，九成一的家長也表示參與論壇對瞭解十二年國教議題有幫助，其中以專家對談被家長公認是當天最有幫助的部分，但亦有相對多數家長認為「專家對談」在此次論壇仍有需要改進之處。反觀「小組討論」則是近八成家長認為是此次論壇議程中最滿意的部分。

第 7 節　結論與影響：基北家長不支持抽籤

一、結果之總結說明

本計畫依據審議式民主之程序，完成基北區家長對十二年國教方案意象之研究，現就「問卷調查結果」與「公民論壇辦理過程發現」分述其重要發現如下：

(一) 問卷結果總結

1. 問卷前測（樣本數 1,113 份）之統計結果，受訪者的縣市住居人口分布比率和北北基人口分布比率幾近一致，可以做為基準情境下，基北區家長對於十二年國教政策議題衡量的態度表徵。

2. 在對議題抱持態度方面，參加家長論壇的家長在後測問卷的填答，不管是「支持」、還是「反對」一個議題，其比例皆有攀升，「沒意見」的比例則下降。

3. 綜觀前後測問卷調查結果，顯示家長最注重升學制度的公平性。

4. 與會家長贊成增加會考等級（以便不用抽籤）者在經過一天論壇後明顯增加，贊成比率達九成。

5. 多數家長贊成公立傳統名校繼續存在，在後測中更增加至90%。

6. 參與論壇之後，多數與會者表示對於十二年國教瞭解程度有所提升；九成以上家長認為論壇對瞭解十二年國教議題有幫助。

（二）公民論壇辦理過程發現總結

1. 此次會議邀請十二年國教政策利害關係人與會，邀約過程順利，論壇出席率達 93%。主要原因在於議題切身相關且對政策有更進一步瞭解的意願；另會議地點交通方便，多數民眾搭乘大眾運輸交通時間 1 小時內可以到達；主辦單位提供出席費，補貼與會者參與論壇一整天時間之花費，亦提升出席誘因。

2. 本研究依據審議式民主流程，建立分組討論規則，有助於分組討論時的意見交流和溝通。採用 11 至 12 人為一組，每一組搭配 2 位工作人員，協助引導民眾提出建議與想法，能有效地增進討論的流暢度和完整度。

3. 在本研究規劃之分組討論活動中，不同背景的與會者皆能在討論中充分表達意見，並擁有針對小組對大會所提出問題，彼此理性溝通之能力。

4. 根據論壇當日各小組討論所形成的共識，支持志願序列入超額比序的家長，主張志願序應在某些「特殊條件」實現的前提下，再列入積分。比方說降低志願序計分比重、建立志願序「資訊

公開系統」便於瞭解全體考生填寫狀況，或允許有修改志願序
的機會等。

5. 就專家對談部分，與會公民反應時間分配不夠，應可再延長提
問及回答時間，方可使問答更全面、更完整。

二、結語：論壇之後續影響

　　教育是國力的基礎，歷年來為了使國民基礎教育更完善，世
界各國皆不停進行教育改革，務使教育政策配合時代變遷，奠定
未來國家發展之基礎，並使學生得以適性發揮。

　　十二年國教是我國教育改革一項重要歷程，該政策將國民接
受基礎教育之年限由九年全面提升至十二年，是因應科技快速發
展、全球競爭日趨激烈之下對國民素質提升之需求而產生。十二
年國教政策關乎國家下一代能力之培育，第一批學生將於未來十
至二十年陸續投入職場，繼而成為社會中堅，因此十二年國教對
國家未來競爭力有絕對的影響，甚至與社會安全有極大關聯。為
求國家安定與社會發展，國教政策應審慎規劃，不可倉促成形。

　　此次基北區家長論壇依「審議式民調」精神辦理。研究團
隊在統計專家協助指導下，以系統隨機抽樣程序產生基北區國中
七、八年級家長名單，並在台北市、新北市、基隆市三市教育局
處的配合下，發出前測問卷；回收的有效問卷共 1,113 份，其中
表達願意參加論壇的家長 370 位中，經再抽樣及詢問，最後於
102 年 4 月 20 日出席基北區家長論壇的家長有 112 人。

　　經過一天審議程序後，家長公民們填寫後測問卷。經過前測、

後測問卷的分析，研究團隊得以確實掌握利害關係人的想法。調查資料顯示，在參加論壇後，有 78% 的家長不贊成以抽籤的方式決定學校，而有高達九成的後測問卷贊成以增加會考等級來決定入學資格；此外，亦有高達九成的後測問卷認同公立傳統名校的存在。

　　總結而言，爲求「以民情爲本」，本研究依審議式民調的精神辦理「基北區家長論壇」，得到第一手基北區家長的意見。研究團隊依據民調結果提出建言，並於民國 102 年 4 月 28 日的記者會中公開宣布，獲得了廣大媒體的報導和廣大民眾的迴響。[12]同年的 5 月 25 日，教育部公布，國中教育會考將以「三等第四標示」爲準；若是眞的超額，會從特色招生比例做調整，沒有辦特招的學校，則增額錄取。教育部保證，該方案將可達到「零抽籤」目標。本研之結果當對教育政策的修改產生了相當顯著的影響。

相片 2-1　家長論壇分組討論一

來源：王立昇

相片 2-2　家長論壇分組討論二

來源：王立昇

相片 2-3　家長論壇參加者與專家對話

來源：王立昇

相片 2-4　家長論壇參加者與主辦人員合照

來源：王立昇

註 釋

1. 台灣大學應用力學研究所教授兼所長。

2. http://blog.roodo.com/lakatos/archives/2793687.html

3. 在林妙香（2007）的「90-93 年度國中基測量尺及等化程序之個案研究」報告，提出了舊制基測計分方式的幾個缺失，整理如下：

   ⑴各科量尺分數的最高分並非設定在 60 分，而且各科各年度皆不相同。

   ⑵二次測驗量尺並無等化（equating）步驟，只是單純進行分數連結（linking），導致考生二次基測平均分數皆比一測高出幾分，由於基測成績採擇優計分，「只考一測較二測都考吃虧」。

4. 現行基測的分數換算方式，根據心測中心提供的資料，單科「原始分數」滿分為 60 分，全體考生該科平均設定為 30 分，每一題分數皆相等，考生得分小數點以下四捨五入。其公式為：

   ⑴斜率 A = (60 − 30)/(全對題數 − 全體考生平均答對題數)

   ⑵考生成績 ＝ 斜率 A×(學生答對題數 − 全體考生平均答對題數) + 30 分

   然而在考題為「中間偏易」的情況下，將平均分數設定為 30 分，反倒比「舊制基測」更容易出現原始分數為「負分」的考生。因此最後成績單上顯示的各科成績，是該科原始分數加 20 分所得到的數值。

5. 相關說明整理自：http://12basic.tn.edu.tw/faq.asp?ItemFAQID=66

6. 在 99 年免試，也就是北北基三縣市獨立招生時，各縣市免試入學方式皆不相同，分述如下：

   ⑴台北市的「北星計畫」免試入學方式為：各國中推薦至同所高中學生名額最多 10 名。

   ⑵新北市的「新北星計畫」免試入學則有以下兩點特色：

   A. 參與「國中薦送」還是「學生申請」（或兩個都參加），由各校

　　　　　自行決定。

　　　B. 國中薦送部分，各高中有專屬「學區」，且學區內各國中「配額」
　　　　　都不相同。

　　⑶基隆市的免試入學，則是各高中由「國中薦送」與「學生申請」兩
　　　　招生管道「二選一」招生。

7.　這項報導出自民國 101 年 9 月 2 日《聯合晚報》：〈明星私校篇／限
　　直升比率教部：還在溝通協調〉。

8.　$(78,582/153,533) \times 1,200 = 614$

9.　$(74,951/153,533) \times 1,200 = 586$

10.　$(835/78,582) \times 614 = 6$

11.　$(865/74,951) \times 586 = 6$

12.　例如：https://tw.news.yahoo.com/%E8%AA%BF%E6%9F%A5-7%E6
　　%88%90%E5%9F%BA%E5%8C%97%E5%AE%B6%E9%95%B7
　　%E5%8F%8D%E6%8A%BD%E7%B1%A4%E5%85%A5%E5%AD
　　%B8-084147024.html。

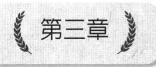

審議式民主工作坊：能源政策

朱雲鵬　吳中書[1]　鄭睿合[2]

第 1 節　緣起

一、各國政策

　　二十國集團（G20）會議已在 2016 年 9 月 5 日於杭州閉幕，其就全球暖化和溫室氣體排放之議題結論，主要包含提倡巴黎協定、推動綠色金融、倡導能源合作、增進清潔能源和再生能源使用，且美國和中國大陸於會議前夕正式批准《巴黎氣候協議》；鑑於中、美兩國溫室氣體排放量占比將近 40%，雙方加入協議對整體而言具顯著與實質意義。然而美國新任總統川普對氣候變遷議題持反對態度，更誓言退出《巴黎氣候協議》，此舉或將影響各國能源經濟和環境政策走向，惟全球溫室氣體隨各國經濟發展而持續提升為不爭之事實，如何藉由政策制定及規劃予以控制，

應仍為世界絕大多數重要國家首要之務。

本節先說明國內外之能源政策規劃如後：

（一）中華民國

2008 年 6 月 5 日政府宣布《永續能源政策綱領》，訂立「全國二氧化碳排放量於 2020 年回到 2005 年排放水準，於 2025 年排放量回到 2000 年水準」之目標。此外，我國已於 2009 年 7 月 8 日通過《再生能源發展條例》，以鼓勵發展乾淨能源；但台灣再生能源的發展仍有成本較傳統燃料高、電力供給不穩定、地狹人稠，三分之二的土地為山地……等限制。再者，政府於 2011 年 11 月宣布「新」能源政策，包括穩健減核、打造綠能低碳環境、確保核能安全等主軸，預計以「穩健減核」方式走向「非核家園」目標，主要汲取日本及德國經驗避免採取「立即廢核」或「快速減核」所造成的電價上漲、缺電和溫室氣體減量目標落空等衝擊。

此外，為因應全球氣候變遷，聯合國氣候變化綱要公約（The United Nations Framework Convention on Climate Change, UNFCCC）第 21 次締約國會議（COP21）於 2015 年 11 月 30 日在法國巴黎揭開序幕，我國身為地球村的一員，在全球節能減碳趨勢下，為善盡共同保護地球環境與分擔溫室氣體減量之責，也於 2015 年 9 月自發性地公布我國「國家自定預期貢獻」（Nationally Determined Contribution, NDC）減量目標，即 2030 年溫室氣體排放量較現況發展趨勢推估情境（Business as Usual, BAU）減量 50%，相當於 2005 年排放量再減 20%，作為達成《溫室氣體減量及管理法》中明訂 2050 年比 2005 年碳排量減半的階

段性目標。是故，藉由調整我國能源供應、電源配比、電力市場
結構等面向，以因應未來溫室氣體排放減量規劃，實屬日後能源
政策制定之重要挑戰。

另根據能源局 2015 年能源統計手冊中能源供給表，台灣能
源進口比重達 97.53%，顯示台灣自產能源比例極低，加上國內
能源價格相較國際間為低，易造成能源使用無效率；考量我國能
源進口依存度及能源集中度偏高、價格機制尚未充分發揮下，若
需順應全球節能減碳趨勢，降低能源消費及提高能源使用效率，
已成政府重要施政目標之一。2016 年 5 月新政府提出「永續的能
源與資源管理」政策，設定至 2025 年時，再生能源總裝置容量
將達 2,742 萬瓩，以及再生能源發電量占總發電量達 20% 之政策
目標，並進一步於 2017 年通過之電業法修正案中，除開放再生
能源得透過代輸、直供及再生能源售電業等方式銷售予用戶，另
允許再生能源採股份有限公司以外之形態（如合作社）經營，此
外，也明確列入於 2025 年達成非核家園目標。（參見能源局，
2008；梁啓源，2016；環保署，2016 及能源局，2017）

（二）美國

觀察主要國家之能源政策，美國主要能源政策包括已頒布
的能源政策法（2005）和能源獨立與安全法（2007），以及歐
巴馬政府於 2008 年積極推動的美國新能源政策（New Energy for
America）。能源政策法中提供總額達 145 億美元的稅捐優惠，
同時明確規定，將鼓勵提高能源效率和能源節約，促進替代能源

和再生能源發展，減少對國外能源的依賴，加強與提升電網水準，鼓勵擴大核電站建設等。另一方面， 2009 年所頒布之「美國復甦與再投資法案」（American Recovery and Reinvestment Act of 2009, ARRA 2009），規定政府每年要提出一個使公用事業達成節能的措施，亦要求公用事業收益要和電力銷售量脫鉤，藉以增進公用事業提升能源效率之誘因。（參見 Doris et al.,2009 及何叔憶，2013）

此外，由於經濟生產活動增加導致各部門能源消費擴增，溫室氣體排放量逐年增加，2009 年美國眾議院通過清潔能源與安全法案（The American Clean Energy and Security Act, ACES），建立碳排放上限和交易制度來控制二氧化碳排放量，著重於清潔能源發展及各部門能源效率提升用以達成溫室氣體減量目標。再者，2012 年制定的清潔能源標準草案（The Clean Energy Standard Act of 2012, CES），則要求電力事業所販售電力需有一定比例來自潔淨能源，由 2012 年的 6% 逐漸提高至 2025 年的 25%。隨後歐巴馬總統於 2014 年 5 月份根據 1970 年通過的潔淨空氣法（Clean Air Act），以行政命令方式，提出「潔淨電力計畫」（Clean Power Plan）用以推動碳排放減量目標，而美國環境保護署（EPA）則於同年 6 月提出潔淨電力計畫提案（Clean Power Plan Proposed Rule），促使電廠提升效率並減少碳汙染與其他汙染物汙染。

2015 年美國環境保護署進一步公布「對固定汙染源的碳排指引：電業發電單位」，潔淨電力計畫中的具體目標係 2030 年美國發電廠碳排放目標在 2005 年基礎上減少 32%。惟其後引起

許多反對意見，美國最高法院於 2016 年 2 月 9 日裁定，在華盛頓巡迴上訴法院未做出裁決之前，環保署需凍結清潔電力計劃。另一方面，2016 年底川普當選成為新任美國總統後，因其對氣候變遷與暖化持反對態度，政策導向於發展傳統化石能源，將降低對再生能源業者之補貼，亦預計兌現退出《巴黎氣候協定》的競選承諾，相關發展將影響全球能源與氣候變遷走向。（參見工業技術研究院，2016a；趙衛武，2014；蕭瓊茹；2014；徐彪豪，2016；陳柏聖，2016 及 Ogleby, 2017）

（三）歐盟

　　歐盟於 2006 年公布「歐洲的可持續、具競爭力及安全的能源策略」，亦稱為「綠皮書」，呼籲積極推動建立歐盟共同能源政策，強調在確保能源供應安全、增強競爭力和推動可持續發展三大目標間求取平衡點，同時從六個方面優先進行，分別為：完成建立內部的電力和天然氣市場；保證內部能源市場供應安全；處理能源供應安全和競爭力，朝向更為永續、具效率性和多元化的能源組合；制定能源技術策略計畫，以歐洲技術平台為基礎，對技術資源進行最佳配置；制定一適宜歐盟的策略性能源技術計畫以鼓勵創新，加強歐盟研究能源，並避免國家科技和研究計畫重疊，將焦點置於達成歐盟整體目標；及朝向一致的對外能源政策。（參見 EU, 2006 及張素美，2008）

　　2009 年 4 月歐盟執委會正式通過氣候與能源套案，並且設定三項具法律約束效力（legally binding）的目標：1. 於 2020 年將

溫室氣體排放量在 1990 年基礎上減少 20%；2. 再生能源使用占最終能源消費比率則增加至 20% 且每個成員國間的運輸能源消費有 10% 來自於再生能源；3. 較基線情境的初級能源消費量節約 20%，即為「20-20-20」目標。在具體的行動方案上，主要措施著重在重新檢視碳排放交易系統、交通部門效能提升（如針對車輛燃料和生質燃料之環境品質標準）、建立碳捕捉及封存技術法制架構。

其後，歐盟於 2011 年時進一步以 2050 年溫室氣體排放量較 1990 年減少 80% ～ 95% 為目標，提出「2050 朝向具競爭力之低碳經濟路徑圖」（Roadmap for moving to a competitive low carbon economy in 2050）、「2050 能源路徑圖」（Energy Roadmap 2050）、「交通運輸白皮書」（Transport White Paper），用以接續氣候與能源套案。2014 年時，歐盟再度通過《2030 氣候和能源框架》，設立溫室氣體至少減排 40%（與 1990 年相比）、再生能源占比至少占 27% 和能源效率至少提高 27 % 等目標，且歐洲理事會預計於 2020 年將對此目標進行修改，進一步提高至 30%。（參見 EU, 2009；EU, 2014；趙家緯，2014 及工業技術研究院，2016b）

（四）英國

進一步觀察歐洲主要國家能源政策發展，英國於 2007 年能源白皮書中強調能源對英國的經濟發展和人民日常生活的重要性，且須面臨兩項能源挑戰：1. 藉由減少英國境內和境外之碳排

放減量以因應氣候變遷，與 2. 確保安全、潔淨和可負擔的能源，規劃以節約能源、發展潔淨能源、穩定能源供給為主要策略。（參見 DTI, 2007）

2008 年英國提出氣候變遷法（Climate Change Act），設定溫室氣體減量目標為相對於 1990 年基準線，2020 年的淨碳排放量須減少 26%，2050 年的淨碳排放量將低於 80%，並建立氣候變遷委員會（專家團體），提供政府有關碳預算與成本效益、最佳減碳路徑、氣候調適的意見及建議，亦對碳目標和碳市場交易計畫制定相關規定。2009 年英國政府向國會提出低碳轉型計畫（Low Carbon Transition Plan），列出英國要達到 2020 年比 1990 年基準減少 34% 碳排放量的方法。計畫中主要包含電力、建築物、工業、交通運輸系統和農場及土地永續管理等領域，讓未參與歐盟排放量交易制度部門，採以國內減量行動，不購買聯合國批准碳額度方式達成減量目的，其中在電力部門部分，訂立 2020 年前 40% 電力來自低碳資源之目標，方式包含進行碳捕捉及儲存計畫及建立新核能發電廠。雖然在日本福島核災事故後，英國民眾對開發核能電廠之支持度略微下滑，但支持核能發電的民眾仍占大多數。如國際市調機構 YouGov 於 2012 年 7 月所實施之民調，其結果顯示英國人民支持及反對核電之比率分別為 63% 與 22%，而英國能源研究中心（UKERC）於 2013 年 10 月進行之民意調查數據，則顯示支持及反對核電之比率分別為 32% 與 29%。2013 年 12 月英國國會正式通過新能源法案，要求新電廠碳排放標準訂為 $450gCO_2$／度以下，此舉將迫使未來無法興建未整合碳

捕捉與封存之傳統燃煤電廠，同時考量為達成低碳和穩定供電等
目標下，核能發電於能源系統中的角色將逐步取代傳統化石燃料
發電。（參見英國貿易文化辦事處，2009；UK, 2008 及 2009；
劉國忠，2010；潘子欽，2011；Wouter et al., 2013；工業技術研
究院，2016c；WNA, 2017）

（五）德國

　　就德國的能源政策而言，德國政府首先在 1991 年通過《再
生能源電力供給公共網絡法》（Gesetz über die Einspeisung von
Strom aus erneuerbaren Energien in dasöffentliche Netz，簡稱《電
力輸送法》），用以推廣再生能源。2000 年通過再生能源法
（Renewable Energy Act），規定 2010 年時，德國的再生能源電
力須占總電力消費比率達到 12.5%。其後，德國政府於 2010 年再
通過「2050 年能源規劃願景（Energiekonzept 2050）」，預計在
2020 年之前，讓再生能源利用比率占最終能源消費達 18%，且至
2030 年與 2050 年時所設目標分別為 30% 及 60%。相關法規的推
動，使德國再生能源的發電占比從 1988 年的 4.7%，增加至 2015
年的 30%。

　　在 2011 年日本福島核災事故發生後，梅克爾政府宣布加速
退出核能，要在 2022 年關閉所有核電站，並加快新能源發展。
然而，德國實行能源轉型以來，二氧化碳排放量不降反升，主要
原因在於經濟持續成長，以及化石能源使用增加。此外，2009 年
修訂的《再生能源法》規定德國企業和家庭用電在市場實際電價

的基礎上，還需繳納一定比例的再生能源附加費（Erneuerbare-Energien-Geset, EEG）；在 2000 ～ 2014 年間，此附加費逐年提高，由 2000 年的 0.2 歐分／度，至 2014 年成長為 6.24 歐分／度，預計 20 年後，德國家庭用電的再生能源稅將上漲達每度電 8.227 歐分，相當於每度電 3.29 元新台幣，導致企業和民眾的用電成本愈來愈高。德國發現，透過補貼措施鼓勵再生能源發展，雖帶動再生能源裝機數量擴速，惟相關附加稅費亦造成個人消費者的用電支出大幅增加，政府乃於 2016 年 6 月通過再生能源法案之修正案（Reform of Renewable Energy Source Act, RESA），預計終結薹購費率（Feed-in Tariffs, FiT）制度，來調控日後再生能源成長速度，用以配合電網、儲能的發展，然德國政府設定於 2022 年達成非核家園、2025 年再生能源發電占總發電量比重達 40% ～ 45% 之目標，以及 2035 年再生能源發電占總發電量比重進一步達 55% ～ 60% 之目標依舊不變。（參見劉明德等，2012；王京明，2013；和佳，2013；Chen, 2016 及闕棟鴻，2015）

（六）日本

　　日本在 2002 年京都議定書批准簽署後，於 2005 年制定了「京都議定書目標達成計畫」，並宣布投資 300 億美元於環境與能源領域之研究發展，其中包括：1. 節能技術；2. 再生能源技術；3. 燃料電池技術；4. 核能推廣；5. 發展碳隔離及潔淨化石燃料技術。其後，2007 年日本政府宣布「Cool Earth 50」倡議，以期在 2050 年前溫室氣體排放量減少至 1990 年的一半，並致力於 2020 年達

成 25% 之減量目標（相較 1990 年水準）以及在 2030 年能源效率提升 30%。另於 2008 年 3 月提出「Cool Earth- 創新能源技術方案」，選定可實質降低溫室氣體排放量之技術加以扶植，範圍涵蓋發電和輸配電、運輸、工業、住商與其他各領域等。其中在發電與輸配電部門係推薦採用高效率天然氣發電及燃煤發電、碳捕捉與封存、太陽能發電、先進核能發電技術與高效率超導電力傳輸等技術。（參見 MOFA, 2008；METI, 2008；吳福成，2008 及工業技術研究院，2016d）

　　2011 年日本發生 311 福島核災事件後，民眾對核能利用的安全性有所質疑，面對新的輿論，為降低對核電的使用率，日本經產省提出 2030 年電源組成的五種方案，包括：1. 盡快廢除核能使用（至 2030 年 0% 核能，35% 再生能源）；2. 減少核能發電配比並重新檢視 2030 年之期限（15% 核能，30% 再生能源）；3. 留用核能（20 ～ 25% 核能，25 ～ 30% 再生能源）；4. 讓市場自由選擇最佳能源組合配比，而基準值為目前核能發電裝置容量現況（35% 核能，25% 再生能源）以及 5. 依現行能源組合配比，且不設定目標值等方案。然而，核能政策改變，造成日本電力公司燃料成本上升、電力公司財政惡化、貿易赤字擴大、電價上漲、產業外移及 CO_2 排放目標縮減等影響，也因立即廢核衝擊太大，自由民主黨在取得政權後，於 2013 年 6 月頒布核能「新安全管制基準」，在 7 月 8 日生效後，即受理 4 家電力公司 10 部機組提出機組再啟動申請。此外，於 2015 年 4 月，日本經濟產業省公布日本 2030 年電源結構方案顯示，2030 年時，日本核能發電

比重為 20 ～ 22%，再生能源（含太陽能）發電比重則達 22 ～ 24%，天然氣、燃煤與燃油之發電比重則分別為 27%、26% 和 3%，且若發電成本較低之核能占比超過 20% 時，可吸收再生能源比重上升所增加之成本，同時可有抑制電價上漲之效。故考量長期電源結構規劃和能源供應安全，以及日本政府提出新且嚴謹的核電廠安全標準下，截至 2016 年 8 月 12 日止，已有三座核電廠共五部機組符合新標準可重啟運轉，分別為川內核電廠 1、2 號機、高濱核電廠 3、4 號機以及伊方核電廠 3 號機。（參見 Akira et al., 2015；Matsuo, 2015；蘇顯揚，2015；聯合新聞網，2016 及中央社，2016）

（七）韓國

韓國能源 98% 依賴進口，亦須實行能源多元化以確保能源供應的穩定性。2008 年李明博政府時期所制定的第一個「國家能源基本規劃」（Basic National Energy Plan, 2008-2030）設定改善能源密集度的目標；在新能源和再生能源的能源供應上，預計將占比從 2.4% 上升至 2030 年的 11%，並降低化石能源占初級能源比重（由 83% 降至 61%），同時推動石油與天然氣開發的自給率，從 2007 年的 4.2% 增加至 2030 年的 30%；另為了避免高漲的原油價格和因應溫室氣體減量，在核能發電規劃上，預期在 2030 年時，南韓核電比例要從 2007 年的 14.9% 提高到 27.8%，而就核能的裝置容量部分，自 1978 年完成第一座核電廠迄 2013 年 1 月，運轉中的核電機組共 23 座，裝置容量達 18.7GW，2011 年占

總電力裝置容量達 23.6%。（參見 BSC, 2008 及翟慰宗，2014）

其次，由於 2011 年日本福島核災事故和現有核電機組之核廢料儲存及後續處理議題等因素，2013 年朴槿惠政府提交第二個能源基本計畫草案中，修正第一個能源基本計畫內容，將核電的發展速度減緩（2013 年南韓全部電力來源中，核電比重為 26.4%），調低 2035 年核電比重為 22%-29%，轉而更加重視再生能源的發展，以期減少對核能的依賴。然而，在 2015 年年中由韓國產業通商資源部（Ministry of Trade, Industry and Energy）公布之第七次長期電力供需基本計畫（2015 ～ 2029），因預期南韓未來十五年之電力需求年均成長率將為 2.2%，雖將在能源組合中增加太陽光電、風力發電和天然氣發電比重，然因再生能源及天然氣之成本仍相對昂貴，尚無法替代核能發電作為穩定電力來源，在計畫中將 2029 年核能發電占比目標進一步提升至 28.5%，略高於第六次長期電力供需基本計畫所設定之 27.4%，且預期至 2029 年時，南韓境內將有 39 座核反應爐。（參見王珊，2013；Jang, 2015 及 MOTIE, 2015）

綜言之，依據世界核能協會統計全球主要經濟體使用核能概況，美國、中國大陸、法國、英國、巴西、俄羅斯和印度等國，在能源政策的制定上，採取持續發展核能作為政策方向，至 2015 年底，全球興建中反應爐計有 66 座，而有 158 座正規劃中，且大部分集中於中國大陸，用以滿足持續成長的電力需求，以及降低燃煤發電可能帶來的空氣汙染。其次，若觀察現階段各國核能發電占比，2014 年底美國及法國境內之核能發電占總發電量比

率分別為 19.3% 及 77.0%，南韓核能占總發電量為 30%，德國為
14.1%；就世界各國之能源政策規劃上，除德國已明確訂立廢核
時程外，多數國家仍持續在穩定電力供給、降低溫室氣體排放等
基礎上，持續推展核能發電。（參見 IEA, 2016 及 WNA, 2016）

二、辦理工作坊的緣起及感謝

　　日本福島核能事故之後，台灣各界反核的聲音日趨響亮，尤
其核四工程已經到了關鍵階段，必須對於是否興建完成，做政策
決定。在此背景下，2013 年 4 月，馬政府的江閣宣布將以公民投
票方式決定核四是否停建，引發各界熱烈的討論。有人認為這種
專業議題不適合用公投的方式來決定。有人認為政府做此宣布，
是看準了公投門檻很高，所以核四停建不會通過。也有人贊成用
公投方式做出決議，以免這個議題不斷造成社會對立，沒完沒了。

　　在這個時刻，審議式公民決議的模式被提出來，希望透過各
界民眾的參與，避免特定群體影響議題方向，廣納多元意見，來
落實公民審議。像能源和核能發電這樣專業的議題，如果能夠讓
經過隨機抽樣所產生的代表，聚集一堂，聆聽不同立場專家的發
言，然後彼此也進行討論，最後舉辦後測民調，來看看公民最後
形成的意見，確實是各方意見不一下，一個可以被考慮的選項。[3]

　　有鑑於此，中華經濟研究院接受委託，舉行了審議式民主工
作坊－能源政策，以作為後續政策制定和決策模式的參考。本文
在撰寫的過程中，參考了該計畫的研究報告（中華經濟研究院，
2013），同時也對世界各國能源政策的演變作了更新。[4]

　　本章作者為參與此次工作坊的共同主持人與工作人員，在此感謝中華經濟研究院王副院長和世新大學莊文忠教授的大力參與，也要感謝中華經濟研究院同仁蔡慧美女士和楊正鸞女士的辛勤支援。

　　另外，感謝以下熱心人士的付出，參與了本次工作坊諮詢委員會的工作（以姓氏筆畫為序）：吳玉珍主任、李育明教授、林唐裕所長、林師模教授、陳斌魁教授、陳詩豪副所長、陳錫南董事長、童遷祥所長、賀立維顧問、喻冀平所長、葉宗洸主任、廖述良主任與蔣本基教授。

　　也感謝以下人士前來工作坊的現場，以學者專家的身分，參與討論、回答問題（以姓氏筆畫為序）：清華大學江祥輝教授、台北大學李育明教授、中央大學馬國鳳所長、台北大學張四立教授與淡江大學廖惠珠教授。

　　還要感謝多位主持小組討論的工作人員和助理；沒有你們的努力，這場工作坊不可能成功。

第 2 節　研究方法

　　起源於西方成熟民主國家的審議式公民參與模式，如前所述，在 2002 年以後引進台灣。從二代健保公民參與研究開始，公民會議、審議式民調、願景工作坊、學習圈、開放空間等參與模式，陸續被採用來討論全國、縣市和社區的議題，議題範圍包括：全民健保、稅制改革、勞動派遣、環境保護、動物放生……等，

應用範疇十分廣泛。也因公民參與模式在參與對象、參與深度、意見產出和組織成本等項目不同之下而有不同的形式，在結果的產出上也有所差異，可適用於不同性質的議題和目標。（林國明、黃東益，2004）

我國能源政策議題之討論則尚仍處於專家學者審議層級，未能讓各社會階層普遍參與，故舉辦本次工作坊。所選取的方式為審議式民調，這樣能看出公民在經過充分資訊之下的審議過程後，會如何思考政策問題，以及偏好前後會有什麼樣的改變和差異，不僅可以讓參與民眾做更深入的討論，也能夠獲得更具思辯性的結論以供政策建議。

具體而言，此次採審議式民主模式中的審議式民調，由議題中建構出政策選項，讓代表性的公民思考及審議不同方案中的問題解決方向，同時透過問卷設計、電話訪問及舉辦民意論壇等方式進行民眾意見彙整，瞭解受訪者對政策議題的態度。同時，藉由此活動亦可評估審議式民主對我國能源政策議題討論的適用性。

審議式民主模式的詳細流程包括（參考 Fearon, 1998）：

第一、建構議題：建構政策選項或不同的行動方案，讓具有代表性的公眾能夠審議不同方案的選擇，同時思考並決定該怎麼做才能解決問題。

第二、籌組諮詢委員會：由不同立場的人士共同組成諮詢委員會，針對審議式民調的重大事務進行討論，並監督會議籌備工作的進行。

第三、進行民意調查及招募參與者：採隨機抽樣，由全國人口之中抽取代表性樣本，針對會議所要討論的議題，進行一次公眾民意調查。在進行前測電話訪問調查的最後階段，詢問受訪者參加公民審議會議的意願。

第四、提供閱讀資料：以容易閱讀的方式，提供平衡的觀點和充分的訊息，介紹各種不同政策選項和行動方案的內容及正反意見，讓公民審議活動的參與者瞭解不同政策選項的利弊得失。本次活動的閱讀資料（「論壇主題說明」）以正反兩面併陳的方式呈現，其內容見本章附錄。

第五、召開公民審議會議：透過小組會議與其他公民的討論，以及全體會議和專家的對談，瞭解不同的政策方案的選擇。並進行後測問卷調查，瞭解參與者的偏好及議題知識的變遷。

第六、結案報告：比較前測問卷調查、後測問卷調查的結果，寫成分析報告，並將結果告知參與者、委託機構及相關決策機關。

至於主要工作項目，則分別說明如下：

一、成立工作小組

研究工作小組將負責擬訂問卷內容與彙編手冊，以及邀請各方專家學者、公民參加全國性會議論壇。工作小組主要成員如表3-1 所示：

表 3-1　工作小組主要成員

姓名	職稱	服務單位
吳中書	院長	中華經濟研究院
朱雲鵬	教授	中央大學經濟學系
王健全	副院長	中華經濟研究院
莊文忠	副教授	世新大學行政管理學系
蔡慧美	主任	中華經濟研究院財經策略中心
鄭睿合	分析師	中華經濟研究院第三研究所
楊正鸞	輔佐研究員	中華經濟研究院第三研究所

二、籌組諮詢委員會

　　為考量意見多元與平衡性，本工作坊邀請產官學等各界人士組成諮詢委員會。工作小組在決定問卷及會議手冊前，將先召開諮詢委員會汲取意見，作為問卷和會議手冊修訂之參考依據。諮詢委員約邀請 10 位，共計召開二次會議。第一次會議係討論問卷內容；第二次會議係討論民國 102 年全國性會議論壇之會議手冊內容（過程中曾參考 IPCC，2012 及梁啟源，2013 等之研究）。研究中所邀請的諮詢委員會名單，將於第三節中列表說明。

三、電話訪問

　　為蒐集各界對我國能源政策議題之意見，舉行電話訪問。母體群以全國二十歲以上人口為基準，將全國人口依據基本特徵，

如性別、年齡、及教育程度等，分成各個類型，其次配合人口普查資料，得知各區域內其人口類型的總和分布，並據以加權推估各區域或次層級的總體態度與意向，以期讓樣本來自全國性的分段階層抽樣，達到理論上之代表性。

　　研究中進行之前測民調採電話訪問方式進行調查，係根據電話簿作為抽樣清冊，以系統抽樣法抽出符合各縣市人口比例的電話號碼數，再依照加權程序產生權值進行抽樣調查。調查問卷數量為 3,013 份，同時從中建立有意願出席論壇者 224 人之邀請名單，最後實際出席論壇者則為 90 人。

四、編寫會議手冊

　　除議事資訊外，含討論議題資料，由工作小組編撰後，參考諮詢委員會之意見進行修訂。

五、全國性會議論壇

（一）時間：民國 102 年 8 月 24 日（星期六），10：30 ～ 18：00

（二）地點：「衛生社會福利部疾病管制署」北區、中區、南區會議室，採三地連線方式舉行，分別為：

> 台北場：台北區管制中心本部（林森辦公室）7 樓協調會議室（主場）

> 台中場：中區管制中心 1 樓會議室（視訊連線）

> 高雄場：高屏區管制中心 6 樓視訊會議室（視訊連線）

（三）議程規劃：議程如下表所示，茲簡要說明如下：

表 3-2　全國性會議論壇議程

時間	內容	主持人
10：00 ～ 10：30	報到、領取資料	
10：30 ～ 10：35	開幕式、主辦單位致詞	
10：35 ～ 10：40	論壇程序說明	朱雲鵬教授
10：40 ～ 11：00	論壇主題說明	李育明教授
11：00 ～ 12：30	第一次分組討論	各組主持人
12：30 ～ 13：30	午餐	
13：30 ～ 15：30	專家學者回答問題	
15：30 ～ 15：50	合影、中場休息	
15：50 ～ 17：20	第二次分組討論	各組主持人
17：20 ～ 17：35	填寫後測問卷	各組主持人
17：35 ～ 18：00	綜合座談、閉幕式	朱雲鵬教授
18：00 ～	賦歸	

1. 論壇程序說明：說明審議式民主之內涵及精神，以及籌辦論壇
   的目的。

2. 論壇主題說明：由李育明教授向與會公民，進行會議手冊及能
   源政策議題內容之說明，增進公民們於分組討論時之意見提供
   與想法激盪。會議中的討論題綱如下：

   (1)台灣不用核電會缺電嗎？

   　　A.不讓核四運轉，而其他核電廠又如期除役，台灣會不會
   　　　缺電？

    B. 有沒有其他替代方案？可否發展再生能源？

  (2)核能與其他發電方式成本比較，有比較便宜嗎？

    A. 如果沒有核電，會不會需要漲電價？

    B. 核廢料怎麼處理？如果加上這個處理成本，核能還比較便宜嗎？

  (3)核能發電可以用嗎？安不安全？

    A. 世界上有哪些國家在用，哪些選擇不用？

    B. 世界上有哪些國家曾發生核災？後果如何？

    C. 核四是拼裝車嗎？安全嗎？

    D. 日本福島因海嘯發生核災，核四在海邊，是不是也有風險？

3. 分組討論：由公民參與者針對議題進行兩次分組討論，分組討論原則上以一組 10 人為單位。分組討論過程中，主持人經驗極為重要，分組討論時，將由一位有經驗的主持人、一位協同主持人及一位記錄人員，帶領整個小組討論能源政策議題，並協助彙整意見與問題。在本次論壇中，總計有 90 位公民與會（北區 46 位、中區 17 位、南區 27 位），共分為 9 組（北區 5 組、中區 2 組、南區 2 組）。

4. 專家學者回答問題：本論壇邀請江祥輝教授等五位專家學者與會（名單如表 3-3），回覆與會公民們於第一次分組討論時所提之問題。藉由專家學者們的回應，能有效釐清有關我國能源政策議題之相關知識和觀念。

表 3-3　專家學者代表名錄

姓名／職稱	服務單位	專長
江祥輝教授	清華大學 核子工程與科學研究所	輻射屏蔽、輻射度量、輻射應用、矽中子植磷、非破壞性檢測、醫學物理
李育明教授	台北大學 自然資源與環境管理研究所	環境系統分析、環境與資源管理
馬國鳳所長	中央大學 地球科學系暨地球物理研究所	地震學、震源力學
張四立教授	台北大學 自然資源與環境管理研究所	能源經濟學、公共經濟學、決策科學
廖惠珠教授	淡江大學經濟學系	能源經濟、計量經濟

5. 填寫後測問卷：本論壇目的之一，在於瞭解與會公民經過一整天的會議及討論之後，對於能源政策議題的態度與認識是否有所不同。因此，後測問卷與前測問卷之問項必須具有一致性。

綜合上述，整體工作辦理期程如表 3-4 所示。

表 3-4　辦理期程（102 年）

日期	工作內容
7 月 1 日	諮詢委員會成立
7 月 10 日	問卷專家工作小組會議
7 月 12 日	諮詢委員會第一次會議，討論問卷內容
7 月 15 日	問卷確立，辦理前測民調試測作業

（續）

日期	工作內容
7月19日	前測民調試測完成
7月23日	工作小組第一次工作會議，確定問卷內容
7月26日至8月1日	進行前測問卷調查
8月2日	各分組工作人員訓練及討論會議
8月2日	會議手冊編撰完成初稿
8月8日	工作小組第二次工作會議，討論會議手冊內容初稿及各項工作進度追蹤
8月9日	諮詢委員會第二次會議，討論會議手冊初稿
8月12日	工作小組第三次工作會議，確定會議手冊內容
8月15日	各分組工作人員訓練課程
8月20日	會議手冊印製完成
8月24日	公民論壇（含後測民調作業）
8月30日	提交會議報告（含公民論壇各場次紀錄、前後測問卷分析，會議手冊內容並作為附錄）
10月21日	提交期末報告

第3節　隨機抽樣、公民審議之詳細流程

　　本節將詳細說明籌組諮詢委員會、問卷設計、辦理前測、召開公民論壇、辦理後測等過程。

一、諮詢委員會籌組過程

能源政策議題涵蓋範圍廣泛，研究之目的在於彙整公民對於我國能源政策的意見及看法，內容含括核能議題、環境議題、能源價格議題……等，且因能源、經濟、環保係具備緊密關聯性，為兼顧各個領域的平衡性及廣納不同領域的看法，使得研究中所設計的問卷內容和公民論壇的會議手冊更臻完善，故邀請國內在能源、經濟、環保、工程等學有專精和立場不同的學者及團體，就實務上及學理上的情況進行交流和討論，分別於 7 月 12 日和 8 月 9 日召開第一次及第二次的諮詢委員會議，各專家學者之專長領域整理如下表所示。

表 3-5　審議式民主── 諮詢委員之專長背景資料

姓名／職稱	備註（專長、經歷、其他）
吳玉珍主任	核能領域專家
李育明教授	環境系統分析、環境與資源管理
林唐裕所長	能源經濟、能源政策、溫室氣體減量政策及電力管理相關領域
林師模教授	能源及環境經濟、計量經濟、產業經濟分析、經濟模型
陳斌魁教授	電力工程、能源科技、再生能源、汽電共生
陳詩豪副所長	產業經濟
陳錫南董事長	致力推動反核運動、東部快鐵、節能省電、再生能源發展等
喻冀平所長	材料科學導論、薄膜工程導論、核能結構材料、物理冶金、材料機械性質、核能材料、放射廢料處置

（續）

姓名／職稱	備註（專長、經歷、其他）
童遷祥所長	擁有能源科技研發所需的工程及材料科學背景經驗，並專精於系統工程、物理冶金、複合動力車輛及風力發電等技術。積極推動綠能產業及前瞻研究，技術深度扎實，且有產業界歷練，對於跨領域之研發與產業推動經驗豐富
賀立維顧問	核子相關技術
葉宗洸主任	電化學、電腦模擬、燃料電池
廖述良主任	水及廢水處理系統自動監測、控制及自動化、永續環境管理理論、制度、評量指標及決策支援系統、環境資訊管理與知識管理、企業永續環境管理與綠色管理、環境自動監測技術
蔣本基教授	理化處理、空氣汙染控制設計、環工單元操作

二、問卷設計架構

電話訪問題數不宜太多，故研究中設計完成的問卷包含二十題，主要分成三個面向，茲分述如下：

（一）探詢受訪者對於我國能源議題的態度（第一題到第九題）

題目範圍涵蓋：核能、核四、全球暖化（環境）、電價等，其中第一題與第二題的問項設計，在於瞭解受訪者對核能發電的安全性與價值觀；第三題則由缺電可能性的角度來詢問受訪者，對於核能發電的意向；第四題則由直接與民生相關的電價議題，探詢受訪者對核能發電成本高低程度的概念。

第五題則由全球暖化與核能輻射的風險，瞭解受訪者權衡兩

項風險的態度；第六題與第四題概念相似，從民生議題再次確認受訪者對不同發電方式與生活成本的關聯性；第七題至第九題，則主要為瞭解受訪者對核四議題的認知與看法。

（二）探詢受訪者對於能源相關議題的認識程度及資訊取得來源（第十題到第十三題）

在第十題至第十二題中，則設計了常識性問題，用以瞭解在受訪者對能源議題認知程度的不同時，是否會影響對核能發電的意向與態度；第十三題則用以探詢受訪者最常由何處取得核能發電的資訊來源。

（三）基本資料說明（第十四到第二十題）

第十四題到第二十題，則分別從基本的人口特徵資料：性別、年齡別、身分別、教育程度別、所得級距、居住區位等問項，來瞭解不同類別的受訪者對於核能議題的態度與意向。

此外，在問卷題的文字敘述上，則針對每個議題提出正方及反方的敘述，讓受訪者依己身的價值選擇支持的立場及觀點，以落實審議式民主的意涵。

三、問卷前測施行過程

研究中依據審議式民主的流程，參照諮詢委員會之意見後進行問卷內容修訂，同時邀請專家學者座談確立問卷的信度和效度，隨之辦理問卷前測，用以初步瞭解受訪者對我國能源政策議題的看法，並由受訪者中建立邀約公民論壇與會名單。

電話訪問是委由民調公司進行，日期為民國 102 年 7 月 25 日～ 8 月 1 日；鑑於上班族不易在平日接到受訪電話，故電訪時間包含平日、假日的上午、下午時段，用以含括較為廣泛的受訪者。此訪問是依據台灣地區住宅電話簿（尾數 2 位隨機）進行抽樣，總樣本數為 4,035 人，其中有效樣本數為 3,013 人，比率約為 75%，摘要說明如下表所示。

表 3-6　問卷前測調查摘要

訪問日期：民國 102 年 7 月 25 日～ 8 月 1 日

有效樣本：3,013 人；拒訪：1,022 人

抽樣誤差：在 95% 的信心水準下，約 ±1.79 個百分點

訪問地區：台閩地區

訪問對象：20 歲以上的民眾

抽樣架構：台灣地區住宅電話簿（尾數 2 位隨機）分層隨機抽樣

四、公民論壇舉辦及問卷後測說明

分別就與會公民選取、地點和議題手冊之編寫經過分述如下：

（一）與會公民選取

在研究問卷中，設計了一問項來調查受訪者參與公民論壇的意願。[5] 在前測階段之有效問卷受訪者 3,013 人中，確認留下資料可供聯繫者有 447 位，其中表達具有與會意願的民眾為 224 位，再從此名單進行邀約。

如同在本書前一章所表示，與會公民從「表達有意願」的受訪者中選取，可能有「自我選擇」的樣本誤差問題。但幸而本章的重點，以及其他多數台灣進行過審議式民調案例的重點，都在於參加公民論壇的受訪者，其於審議過程之前和之後，在態度上的變化；而不在於參加審議過程的受訪者，其整體意見和全體受訪者有何差異。所以本案的結果，應當還是有重要參考價值。

為使公民論壇結果更臻完善，彙集更多與會公民的意見和看法，研究團隊成員成立電話邀約小組，在不打擾公民們的休息之下，挑選平日的上午至晚上（10：00～21：00），和假日的時段，以電話、信件、簡訊等方式進行公民邀約。公民選取本應為從全國挑選，但實際進行邀約時，東部地區的受邀者因為適值農忙及相關慶典活動，無法撥空與會，故原先規劃東部地區的活動會場取消，最後選定於北區、中區、南區舉辦視訊會議，並邀請公民至交通最方便的區域參與公民論壇。

（二）論壇地點選取

基於詐騙電話頻傳，要取得民眾信任本活動之真實性與安全性並非易事，幾經考慮，以政府機關為最佳選擇，且因三個場地之間需要連線，尚需考量視訊設備的連線狀況及穩定度。最後研究團隊徵求了衛生福利部疾病管制署的同意，向疾病管制署租借台北、台中和高雄的場地，以利會議的進行和公民的分組討論。

（三）議題手冊之編寫原則

　　為使與會公民對於我國能源政策相關議題更為瞭解，讓公民能夠更深入的表達意見、提出建議，研究團隊編寫會議手冊，內容詳述公民論壇的目的、審議式民主的精神及重要性、論壇進行方式、論壇議程及工作小組、諮詢委員會之籌組名單，同時以正反並列的方式，以平衡立場綜整各能源議題面向，提供予公民們能快速瞭解論壇的進行概況和目的。

　　為使與會公民能選擇較方便的地點參加會議，研究團隊成員亦在議題手冊中列示台北、台中和高雄三個場地交通資訊和地圖說明，讓公民們均能準時與會，也能有更多的時間進行意見交流。

　　議題手冊中也列出討論規則與討論議題，讓與會公民清楚瞭解發言的順序、規則，以及配合能源主題所需討論的議題項目，讓公民們事先準備，俾使在公民論壇的分組討論時間能有效率地進行。

（四）問卷後測

　　審議式民主程序的最重要關鍵之一，係進行與前測問卷相同的問卷後測。當與會公民參與一整天的論壇會議議程：第一次分組討論彙整各組提出的問題、專家學者回覆各組提問、第二次分組討論之後，需要再次透過問卷調查與會公民們對我國能源政策的態度，因此，對於所有參與工作坊的公民，均在行程結束之前，再次填寫問卷。

五、公民論壇之與會公民分組及出席概況說明

　　參考台灣人口分布的情況，北部地區相對於其他地區的人口數較多，因此在抽樣及分組人數配置時，台北場地所安排的人數亦較台中和高雄為多。原先規劃與會公民為 100 人，其中，台北、台中和高雄的預計參與人數分別為 40 人、30 人、30 人，後來實際成功邀請 90 位公民與會（北區 46 位、中區 17 位、南區 27 位）。

　　為讓分組討論時每位公民可以暢所欲言，交換更多的意見和想法，研究團隊依隨機抽籤方式分組，原則上每 10 位公民組成一個組別；每個組別有 3 位工作人員，分別擔任主持人／協同主持人／助理主持人的角色。準此，北區分為五組，中區及南區各兩組，預計出席及實際出席的人數如表 3-7 所示。

表 3-7　各組出席人數摘要表

	預計出席人數	實際出席人數	出席率（%）
北區第 1 組	13	8	61.5
北區第 2 組	13	11	84.6
北區第 3 組	12	9	75.0
北區第 4 組	13	7	53.8
北區第 5 組	13	11	84.6
中區第 1 組	12	7	58.3
中區第 2 組	14	10	71.4
南區第 1 組	18	15	83.3
南區第 2 組	18	12	66.7

六、公民論壇之專家學者遴選說明及公民提問之回答情形

公民論壇之能源工作坊討論範疇包含核能安全、核能與缺電之關聯、替代能源……等，涵蓋能源、經濟、環保等不同面向，故本次論壇所邀集的專家學者之專長，亦包工程、能源、核能、環境、經濟及地質等不同領域，藉以適宜回覆公民所提問題，從中釐清各項觀點。

表 3-8 及表 3-9 為各組公民之提問彙整，問題面向包含台灣的能源選擇、核能電廠的安全疑慮、核廢料之處理和國際處置經驗、核能及各類再生能源之發電成本比較、核能與經濟關聯性、各種發電方式的風險和保險成本等。公民們普遍反應專家之出席對於各問題之釐清與瞭解有許多助益，惟未來如果再辦，可增加邀請核能安全方面的專家，將會更有助於核能安全問題的說明。

表3-8　公民論壇各組所統整提問之題目－北區

組別　議題	北區第 1 組	北區第 2 組	北區第 3 組	北區第 4 組	北區第 5 組
台灣不用核電會缺電嗎？	台灣地狹人稠，發展什麼能源最適合及適當？國際間的情況又是什麼？		備用容量如何有效應用？再生能源如何提升？	用電結構、發電結構、備載容量的詳細計算過程？	
核能與其他發電方式之成本比較，有比較便宜嗎？		核電的原料是否有管制？(進口時)廢料的處理有高階及低階，分別又如何處理？	針對核能成本評估：生命週期評估的計算？台灣的評估數據為何？國際數據為何？	比較台灣核能與水力、風力、太陽能、生質能源發電的成本。	核燃料處置世界各國的經驗？台灣的做法為何？
核能發電可以用嗎？安不安全？	核四續建還要花多少錢？幾年才可以蓋好？才可以運作？確定核四是否安全？是否沒有安全上的顧慮再來討論要續建及運轉？	為什麼核一、核二、核三都沒有問題，為什麼核四大受爭議？			各國的核災應變處置方式規劃？台灣的做法為何？
其他議題				1. 核能一定跟經濟有關嗎？請比較新加坡、韓國、日本與台灣的核能發電現況及未來能源政策。 2. 是否曾有世界級保險公司評估各種發電方式風險及保險成本。	

表 3-9　公民論壇各組所綜整提問之題目－中區及南區

議題 \ 組別	中區第 1 組	中區第 2 組	南區第 1 組	南區第 2 組
台灣不用核電會缺電嗎？		台灣為什麼不建核四會缺電嗎？若從公家機關減少浪費、提升台電公司經營效率、實施民生電費調整各戶用電（例如使用智慧電表調整各戶用電），台灣仍會缺電嗎？工業經濟發展會受到影響嗎？如何解決？	若無核四電廠，電價是否會漲電費？	
核能與其他發電方式之成本比較，有比較便宜嗎？	目前的數據一邊是政府單位，一邊是不支持核能發電之民間團體，當然有既定的立場。政府能不能委託國際或是民間具有公信力的相關團隊來幫我們評估各類發電方式的成本，提供公正第三者的數據作為參考？		核廢料如何處理？每年編列多少研究經費？	核廢料是否有最終處置場規劃（地點、技術安排），處理成本有沒有納入發電成本計算？
核能發電可以用嗎？安不安全？		從世界各國經驗來看，有些國家堅持使用核電，德國、日本則已經停止使用核電，台灣應如何作為借鏡，採取更安全的防護措施？		如何確定台灣附近地震的強度，不會超過核電廠的負荷安全水準？
其他議題	政府開放很多民間興建電廠，為什麼民營電廠要興建電廠好像沒就有碰到阻力，是台電對地方的補償不如民營電廠嗎？而且他們成本又很低，又把電賣給台電，為什麼台電不能跟他們借鏡，來解決缺電的問題？或者是政府多開放民營電廠，是不是也不會缺電？另外，民營電廠的發電量占總發電量的多少？是否已列入備用供電容量率的計算？			

第 4 節　工作坊的成果

一、前測問卷：**3,013 位受訪者的意見**

（一）樣本結構

　　研究中抽樣樣本及母體之各縣市分布對照如表 3-10 所示。由表中可知，前測問卷樣本之居住區域分布和全台灣地區人口居住比率分布相當接近，例如：台北市、宜蘭縣之人口數占總人口比率分別為 11.5%、2%，在研究中所占抽樣比率結果亦為 11.5%、2%，即使比率略有不同，多數縣市之抽樣樣本數占比和母體結構比重差異則不超過 0.3%。

表 3-10　前測問卷受訪者居住分布及台灣人口居住區域分布對照

	問卷樣本訪問數（人）	問卷樣本居住區域分布比例（%）	人口數（人）	占全台灣地區人口比例（%）
台北市	347	11.5	2,682,372	11.5
新北市	512	17	3,947,608	16.9
台中市	338	11.2	2,695,353	11.5
台南市	246	8.2	1,882,620	8.1
高雄市	363	12	2,779,416	11.9
基隆市	50	1.6	375,834	1.6
新竹市	52	1.7	427,137	1.8
嘉義市	34	1.1	271,223	1.2
宜蘭縣	59	2	458,636	2
桃園縣	253	8.4	2,038,147	8.7

（續）

	問卷樣本訪問數（人）	問卷樣本居住區域分布比例（%）	人口數（人）	占全台灣地區人口比例（%）
新竹縣	64	2.1	527,609	2.3
苗栗縣	72	2.4	564,806	2.4
彰化縣	166	5.5	1,297,666	5.6
南投縣	67	2.2	518,531	2.2
雲林縣	93	3.1	709,202	3
嘉義縣	71	2.4	530,718	2.3
屏東縣	112	3.7	854,789	3.7
台東縣	29	1	225,270	1
花蓮縣	43	1.4	334,302	1.4
澎湖縣	13	0.4	99,387	0.4
金門縣	16	0.5	117,229	0.5
連江縣	1	0	11,869	0.1
未回答	12	0.4	-	-
合計	3,013	100	23,349,724	100

資料來源：主計總處、中華經濟研究院（2013）

　　就樣本屬性特徵方面（見表 3-11），其中，受訪男性與女性的比率將近 1：1，分別為 49.4%、50.6%。在年齡別部分，以十歲作為分隔區間，於 3,013 人的受訪者中，20 ～ 39 歲的參與分布比率合計約為 24.1%，和其餘年齡區間分布大致接近，約為 22 ～ 28%。由教育程度別而言，受訪者具有專科及大學以上學位的比率，占總樣本比率超過 40%，而具高中職學位之比率則與具大學及以上學位之比率相近。

　　另外，為瞭解受訪者對於核能發電的瞭解情況，本問卷設置
了三題詢問基本核能知識認知的議題，就前測問卷結果發現，三
題全都答對者，僅占全部樣本比率的 12%，都沒答對的比率則近
四成；顯示此議題確屬較專業領域，一般民眾需要經過討論和學
習的過程，才能熟悉相關問題，以作為他們形成最終意見的參考。
這代表舉辦類似能源工作坊的公民審議，並觀察參加審議前與參
加審議後的公民意見表達，有其重要價值與功用。

表 3-11　前測問卷樣本統計結構

	樣本數（人）	百分比（%）
居住區域		
北北基	909	30.3
桃竹苗	441	14.7
中彰投	571	19.0
雲嘉南	444	14.8
高屏澎金馬	505	16.8
宜花東	131	4.4
未回答	12	0.4
性別		
男性	1,488	49.4
女性	1,525	50.6
年齡別		
20-29 歲	304	10.1
30-39 歲	421	14.0

（續）

	樣本數（人）	百分比（%）
40-49 歲	672	22.3
50-59 歲	743	24.7
60 歲及以上	848	28.1
不知道、很難說、沒意見、未回答	25	0.8
教育程度		
小學及以下	380	12.6
國初中	330	11.0
高中職	936	31.1
專科	454	15.1
大學及以上	899	29.8
不知道、很難說、沒意見、未回答	14	0.5
職業		
軍公教	198	606
中低階主管、業務及職員	710	23.6
勞動者	516	17.1
專業人員及 SOHO 族	166	5.5
企業主及高階主管	244	8.1
退休無業	497	16.5
家管及學生	669	22.2
不知道、很難說、沒意見、未回答	13	0.4
家庭月收入		
15,000 元以下	154	5.1
15,001-30,000 元	340	11.3
30,001-45,000 元	373	12.4

（續）

	樣本數（人）	百分比（%）
45,001-60,000 元	443	14.7
60,001-80,000 元	347	11.5
80,001-100,000 元	278	9.2
100,001 元以上	566	18.8
很難說、未回答	512	17.0
核能基本知識程度		
答對三題	360	12.0
答對兩題	637	21.1
答對一題	902	29.9
都沒答對	1,114	37.0
整體	3,013	100.0

（二）問卷問項結果統計

本問卷中，各問題問項（不含人口特徵變數資料）之統計結果如下：

【第 1 題】現在發電的來源及方式有很多種，請問您贊不贊成台灣使用核能作為發電的一個方式？（%）

非常贊成	贊成	不贊成	非常不贊成	無明確反應	合計
4.6	26.7	30.7	25.5	12.5	100.0
31.3		56.2			

【第2題】整體來說，請問您認為核能發電安不安全？（%）

非常安全	安全	不安全	非常不安全	無明確反應	合計
2.1	21.3	34.8	30.8	11.0	100.0
23.4		65.6			

【第3題】有人認為，台灣電力供應不太夠，如果沒有核能發電就會產生缺電的問題。也有人認為，台灣用電的需求沒那麼大，而且可以用其他發電方式來代替，沒有核能發電也不會缺電。請問您比較同意哪一種說法？（%）

沒有核能發電就會缺電		沒有核能發電也不會缺電		無明確反應	合計
非常同意	同意	同意	非常同意	10.1	100.0
5.9	21.6	42.1	20.3		
27.5		62.4			

【第4題】有人認為核能發電比煤和石油便宜，更比天然氣和風力便宜好幾倍；也有人認為，核能發電表面上看起來比其他發電方式便宜，但加上核廢料處理等費用，核能發電反而比較貴。請問您比較同意哪一種說法？（%）

核能發電比較便宜		核能發電比較貴		無明確反應	合計
非常同意	同意	同意	非常同意		
3.2	17.2	37.5	20.8	21.3	100.0
20.4		58.3			

【第5題】有人認為：目前全球二氧化碳的排放量太高，使得氣候暖化，問題很嚴重，而核能發電不排放碳，所以不應當放棄。也有人認為：核能發電如果發生災害而有放射線溢出，會汙染環境，所以不應當使用。請問您比較同意哪一種說法？（%）

核能發電不排放碳，所以不應當放棄		核能發電若發生災害而有放射線溢出會汙染環境，所以不應當使用		無明確反應	合計
非常同意	同意	同意	非常同意		
4.7	20.4	37.6	27.1	10.2	100.0
25.1		64.7			

【第 6 題】有人認為：為了保護我們的環境和居住安全，即使沒有核能發電而造成電價上漲，也應該接受；也有人認為，一般人民的生活負擔沉重，不管用哪一種方式發電，電價都不應該上漲。請問您比較同意哪一種說法？（%）

電價可以上漲		電價不應當漲		無明確反應	合計
非常同意	同意	同意	非常同意		
6.0	27.0	34.0	28.0	5.0	100.0
33.0		62.0			

【第 7 題】整體來說，請問您是支持「核四續建」，還是「核四停建」？（%）

支持「核四續建」		支持「核四停建」		無明確反應	合計
非常支持	支持	支持	非常支持		
6.2	20.7	28.1	35.9	9.1	100.0
26.9		64.0			

【第 8 題】有人認為，核四是拼裝車，在施工期間發生很多問題，未來要是開始使用，會有很大的安全問題。也有人認為，核四只要在開始使用前，經過具公信力的國內外專家團隊，進行徹底的安全評估檢驗，這樣安全就沒有問題。請問您比較同意哪一種說法？（%）

核四不安全		核四經過檢查表示安全		無明確反應	合計
非常同意	同意	同意	非常同意		
28.7	26.6	28.6	7.1	9.0	100.0
55.3		35.7			

【第 9 題】有人認為，日本的地震引起海嘯，造成福島核災，台灣也常有地震，所以不應該發展核能發電。也有人認為，只要把核能電廠防護措施做好，就不用擔心地震或海嘯，所以應該還是安全的。請問您比較同意哪一種說法？（%）

台灣不應發展核能發電		只要防護措施做好，核能發電還是安全的		無明確反應	合計
非常同意	同意	同意	非常同意		
28.8	28.3	29.8	5.9	7.2	100.0
57.1		35.7			

【第 10 題】有人認為：核能電廠如果發生意外，會像原子彈一樣爆炸。也有人認為：核能電廠的設計原理和原子彈完全不同，即使發生災變也不可能像原子彈一樣爆炸。請問您比較同意哪一種說法？（%）

核能電廠如果發生意外，會像原子彈一樣爆炸	核能電廠如果發生意外，不會像原子彈一樣爆炸	無明確反應	合計
41.0	37.6	21.4	100.0

【第 11 題】有人認為：台東縣蘭嶼鄉是放核電廠的高放射性廢棄物；也有人認為那裡放的是低放射性廢棄物。請問您比較同意哪一種說法？（%）

蘭嶼鄉放的是高放射性廢棄物	蘭嶼鄉放的是低放射性廢棄物	無明確反應	合計
37.0	23.1	39.9	100.0

【第 12 題】有人認為：美國發生過很嚴重的核能災害，所以放棄核能發電；也有人認為，美國雖然發生過核能災害，但沒有放棄核能發電。請問您比較同意哪一種說法？（%）

美國放棄核能發電	美國沒有放棄核能發電	無明確反應	合計
22.4	47.4	30.2	100.0

【核能知識程度】（以第 10 題、第 11 題及第 12 題所建構之新
　　　　　　　　變數）

答對三題	答對兩題	答對一題	都沒答對	合計
12.0	21.1	29.9	37.0	100.0

【第 13 題】關於核能發電，請問您最主要的資訊來源？

項　　目	人數	百分比
電視新聞	1,902	63.1
報章雜誌與書籍	530	17.6
網路	312	10.4
朋友	59	2.0
家人	23	0.8
同事	12	0.4
其他 （例如工作業務或教育訓練、台電宣教管道、廣播、村里長）	72	2.4
無明確反應	103	3.4
合計 *	3,013	100.0

（三）前測問卷結果摘要

　　依上述前測問卷統計結果，可摘要如下：

1. 在前測問卷中，受訪者普遍不贊成核能發電做為台灣的發電來
　源之一。

2. 在前測問卷中，受訪者普遍在意核能發電的安全性，將安全性作爲評估核能發電的重要因素。

3. 在前測問卷中，受訪者普遍認爲核四並不安全，也有較高比率的受訪者認爲台灣不應發展核能發電。

4. 在前測問卷結果中，受訪者認爲沒有核能發電也不會導致缺電，支持核四停建的比率也較高。

5. 在前測問卷中，受訪者普遍不認爲核能發電比較便宜，且即使沒有核能發電，不認爲我國電價應上漲。

6. 在核能知識認知程度上，大多數的受訪者未能正確回答有關核能的議題，顯示正確的核能資訊與知識未被受訪者熟悉。

7. 在前測問卷中，受訪者接收核能發電的主要資訊來源爲電視新聞，其次則爲報章雜誌與書籍，呈現出電視媒體對於受訪者在資訊接收上具有重要影響力。

二、後測問卷統計結果

（一）問卷樣本結構

　　本次論壇總計成功邀約 90 位公民與會，茲將前測問卷樣本、後測問卷樣本及母體之居住區域分布對照如表 3-12 所示。由表中可知，後測樣本與前測問卷樣本和全台灣地區人口居住比例較爲相近的縣市別爲台中市、高雄市、新竹市，在新北市、台南市的樣本人數比重則高於前測問卷樣本和全台灣地區人口之居住比例。

表 3-12　前後測問卷受訪者居住分布及人口居住區域分布對照

	全體前測樣本數（人）	全體前測樣本居住區域分布（%）	後測樣本數（人）	後測樣本居住區域分布（%）	人口數（人）	占台灣地區人口比例（%）
台北市	347	11.5	8	8.9	2,682,372	11.5
新北市	512	17	26	28.9	3,947,608	16.9
台中市	338	11.2	10	11.1	2,695,353	11.5
台南市	246	8.2	12	13.3	1,882,620	8.1
高雄市	363	12	10	11.1	2,779,416	11.9
基隆市	50	1.6	2	2.2	375,834	1.6
新竹市	52	1.7	1	1.1	427,137	1.8
嘉義市	34	1.1	-	-	271,223	1.2
宜蘭縣	59	2	-	-	458,636	2
桃園縣	253	8.4	9	10.0	2,038,147	8.7
新竹縣	64	2.1	-	-	527,609	2.3
苗栗縣	72	2.4	1	1.1	564,806	2.4
彰化縣	166	5.5	4	4.4	1,297,666	5.6
南投縣	67	2.2	-	-	518,531	2.2
雲林縣	93	3.1	2	2.2	709,202	3
嘉義縣	71	2.4	1	1.1	530,718	2.3
屏東縣	112	3.7	4	4.4	854,789	3.7
台東縣	29	1	-	-	225,270	1
花蓮縣	43	1.4	-	-	334,302	1.4
澎湖縣	13	0.4	-	-	99,387	0.4
金門縣	16	0.5	-	-	117,229	0.5
連江縣	1	0	-	-	11,869	0.1
末回答	12	0.4	-	-	-	-
合計*	3,013	100	90	100	23,349,724	100

資料來源：主計總處、中華經濟研究院（2013）

本次與會的 90 位公民中，北區有 46 位、中區 17 位、南區 27 位，比重分別爲 51.1%、18.9% 及 30%，其相關人口特癥結構則如表 3-13 所示。於 90 位公民當中，男性的比率（57.78%）高於女性（42.22%），與會公民的年齡分布介於 41 歲至 70 歲之間，約占總人數的 70%。在教育程度上，與會民眾具有專科及大學以上學歷者，超過 54%，表示與會者大多具有較高之教育水準。再以家庭月收入而言，各收入區間大致上之比重分配尚稱平均，3 萬至 10 萬元者大約占整體樣本數約 50%，如表 3-13 所示。

表 3-13　後測問卷樣本統計結構

項目	樣本數（人）	百分比（%）
總計	90	100.00
區域		
北區	46	51.11
中區	17	18.89
南區	27	30.00
性別		
男性	52	57.78
女性	38	42.22
年齡		
21-30 歲	13	14.44
31-40 歲	5	5.56
41-50 歲	21	23.33

（續）

項目	樣本數（人）	百分比（%）
51-60 歲	19	21.11
61-70 歲	24	26.67
71-80 歲	6	6.67
80-88 歲	2	2.22
教育程度		
小學及以下	4	4.44
國（初）中	7	7.78
高中（職）	30	33.33
專科	15	16.67
大學	27	30.00
研究所及以上	7	7.78
家庭月收入		
3 萬（含）元以下	16	17.78
3-6 萬（含）元	25	27.78
6-10 萬（含）元	19	21.11
10 萬元以上	24	26.67
無明確回應	6	6.67

（二）問卷問項結果統計

其後則列示 90 位與會公民後測問卷問項統計結果如下，並摘要說明如後。

【第 1 題】現在發電的來源及方式有很多種，請問您贊不贊成台灣使用核能作為發電的一個方式？（%）

	非常贊成	贊成	不贊成	非常不贊成	無明確反應	合計
後測	13.33	38.89	21.11	21.11	5.56	100.0
	52.22		42.22			

【第 2 題】整體來說，請問您認為核能發電安不安全？（%）

	非常安全	安全	不安全	非常不安全	無明確反應	合計
後測	3.33	45.56	23.33	17.78	10.00	100.0
	48.89		41.11			

【第 3 題】有人認為，台灣電力供應不太夠，如果沒有核能發電就會產生缺電的問題。也有人認為，台灣用電的需求沒那麼大，而且可以用其他發電方式來代替，沒有核能發電也不會缺電。請問您比較同意哪一種說法？（%）

	沒有核能發電就會缺電		沒有核能發電也不會缺電		無明確反應	合計
後測	非常同意	同意	同意	非常同意	5.56	100.0
	11.11	33.33	30.00	20.00		
	44.40		50.00			

【第4題】有人認爲核能發電比煤和石油便宜，更比天然氣和風力
便宜好幾倍；也有人認爲，核能發電表面上看起來比其
他發電方式便宜，但加上核廢料處理等費用，核能發電
反而比較貴。請問您比較同意哪一種說法？（%）

	核能發電比較便宜		核能發電比較貴		無明確反應	合計
後測	非常同意	同意	同意	非常同意		
	18.89	27.78	23.33	22.22	7.78	100.0
	46.67		45.55			

【第5題】有人認爲：目前全球二氧化碳的排放量太高，使得氣
候暖化，問題很嚴重，而核能發電不排放碳，所以不
應當放棄。也有人認爲：核能發電如果發生災害而有
放射線溢出，會汙染環境，所以不應當使用。請問您
比較同意哪一種說法？（%）

	核能發電不排放碳，所以不應當放棄		核能發電若發生災害而有放射線溢出會汙染環境，所以不應當使用		無明確反應	合計*
後測	非常同意	同意	同意	非常同意		
	11.11	34.44	26.67	24.44	3.33	100.0
	45.55		51.11			

【第6題】有人認為：為了保護我們的環境和居住安全，即使沒有核能發電而造成電價上漲，也應該接受；也有人認為，一般人民的生活負擔沉重，不管用哪一種方式發電，電價都不應該上漲。請問您比較同意哪一種說法？（%）

	電價可以上漲		電價不應當漲		無明確反應	合計
後測	非常同意	同意	同意	非常同意		
	15.56	50.00	20.00	12.22	2.22	100.0
	65.56		32.22			

【第7題】整體來說，請問您是支持「核四續建」，還是「核四停建」？（%）

	支持「核四續建」		支持「核四停建」		無明確反應	合計
後測	非常支持	支持	支持	非常支持		
	15.56	28.89	23.33	25.56	6.67	100.0
	44.45		48.89			

【第8題】有人認為，核四是拼裝車，在施工期間發生很多問題，
　　　　未來要是開始使用，會有很大的安全問題。也有人認
　　　　為，核四只要在開始使用前，經過具公信力的國內外
　　　　專家團隊，進行徹底的安全評估檢驗，這樣安全就沒
　　　　有問題。請問您比較同意哪一種說法？（%）

	核四不安全		核四經過檢查表示安全		無明確反應	合計*
後測	非常同意	同意	同意	非常同意		
	24.44	20.00	43.33	10.00	2.22	100.0
	44.44		53.33			

【第9題】有人認為，日本的地震引起海嘯，造成福島核災，台
　　　　灣也常有地震，所以不應該發展核能發電。也有人認
　　　　為，只要把核能電廠防護措施做好，就不用擔心地震
　　　　或海嘯，所以應該還是安全的。請問您比較同意哪一
　　　　種說法？（%）

	台灣不應發展核能發電		只要防護措施做好，核能發電還是安全的		無明確反應	合計
後測	非常同意	同意	同意	非常同意		
	20.00	16.67	47.78	10.00	5.56	100.0
	36.67		57.78			

【第10題】有人認爲：核能電廠如果發生意外，會像原子彈一樣爆炸。也有人認爲：核能電廠的設計原理和原子彈完全不同，即使發生災變也不可能像原子彈一樣爆炸。請問您比較同意哪一種說法？（%）

後測	核能電廠如果發生意外，會像原子彈一樣爆炸	核能電廠如果發生意外，不會像原子彈一樣爆炸	無明確反應	合計
	21.11	67.78	11.11	100.0

【第11題】有人認爲：台東縣蘭嶼鄉是放核電廠的高放射性廢棄物；也有人認爲那裡放的是低放射性廢棄物。請問您比較同意哪一種說法？（%）

後測	蘭嶼鄉放的是高放射性廢棄物	蘭嶼鄉放的是低放射性廢棄物	無明確反應	合計
	10.11	71.91	17.98	100.0

【第 12 題】有人認為：美國發生過很嚴重的核能災害，所以放
　　　　　棄核能發電；也有人認為，美國雖然發生過核能災
　　　　　害，但沒有放棄核能發電。請問您比較同意哪一種
　　　　　說法？（%）

	美國放棄核能發電	美國沒有放棄核能發電	無明確反應	合計
後測	11.11	80.00	8.89	100.0

【核能知識程度】（以第 10 題、第 11 題及第 12 題所建構之新
　　　　　變數）

	答對三題	答對兩題	答對一題	都沒答對	合計
後測	44.44	32.22	16.67	6.67	100.0

【第 13 題】請問您對於今日公民論壇活動議程安排的滿意程度：

	非常滿意	滿意	不滿意	非常不滿意	無明確反應	合計
後測	46.67	51.11	0.00	1.11	1.11	100.0
	97.78		1.11			

【第 14 題】請問您對於今日公民論壇出席專家回覆問題的滿意程度：

	非常滿意	滿意	不滿意	非常不滿意	無明確反應	合計
後測	22.22	54.44	15.56	2.22	5.56	100.0
	76.66		17.78			

【第 15 題】請問您對於今日公民論壇活動整體的滿意程度：

	非常滿意	滿意	不滿意	非常不滿意	無明確反應	合計
後測	43.33	53.33	2.22	0.00	1.11	100.0
	96.66		2.22			

（三）後測問卷結果摘要

依上述 90 位與會公民之後測問卷統計結果，可摘要如下：

1. 贊成核能發電作為能源選項之一的比率超過半數，且認為核能發電安全的比率則將近 50%。

2. 認為核能發電成本與其他能源別之發電成本高低的看法，兩者比率相當。

3. 認為若沒有核能發電而使電價上漲，接受和支持此論點的比率超過 65%。

4. 支持核四停建的比率將近五成，惟認同核四運轉前經專家檢驗後若屬安全，即無安全疑慮之比重則達 53.3%。

5. 能正確回答核能知識的比率平均超過 67%，而對於專家回覆和論壇活動滿意度在滿意以上的比率分別達 76.7%、96.7%。

6. 在核能知識認知程度上，大多數的受訪者皆能正確回答有關核能的議題，顯示有關核能資訊與知識的認知程度提高。

三、與會公民前測及後測問卷之對照

　　研究中欲瞭解參與論壇的 90 位公民，對於我國能源政策議題的認知和態度與全體樣本有何不同，且此 90 位公民於參加工作坊的前後是否有所變化，茲列示同樣的問卷題目第 1 題至第 12 題之結果如下：

【第 1 題】現在發電的來源及方式有很多種，請問您贊不贊成台
灣使用核能作為發電的一個方式？

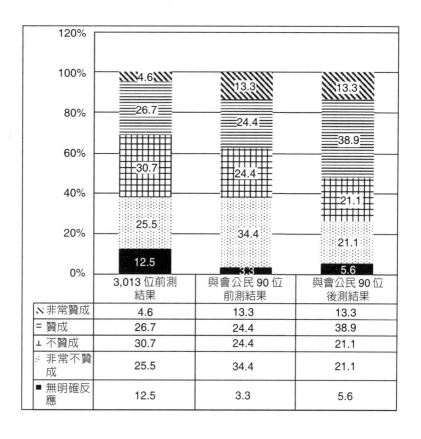

	3,013 位前測結果	與會公民 90 位前測結果	與會公民 90 位後測結果
＼非常贊成	4.6	13.3	13.3
＝贊成	26.7	24.4	38.9
⊥不贊成	30.7	24.4	21.1
⋰非常不贊成	25.5	34.4	21.1
■無明確反應	12.5	3.3	5.6

【第 2 題】整體來說，請問您認為核能發電安不安全？

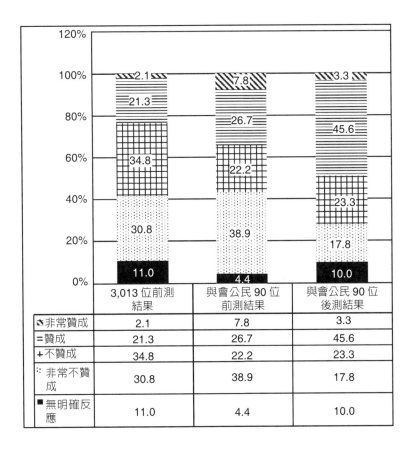

	3,013 位前測結果	與會公民 90 位前測結果	與會公民 90 位後測結果
↻非常贊成	2.1	7.8	3.3
＝贊成	21.3	26.7	45.6
＋不贊成	34.8	22.2	23.3
∴非常不贊成	30.8	38.9	17.8
■無明確反應	11.0	4.4	10.0

【第 3 題】有人認為，台灣電力供應不太夠，如果沒有核能發電
　　　　　就會產生缺電的問題。也有人認為，台灣用電的需求
　　　　　沒那麼大，而且可以用其他發電方式來代替，沒有核
　　　　　能發電也不會缺電。請問您比較同意哪一種說法？

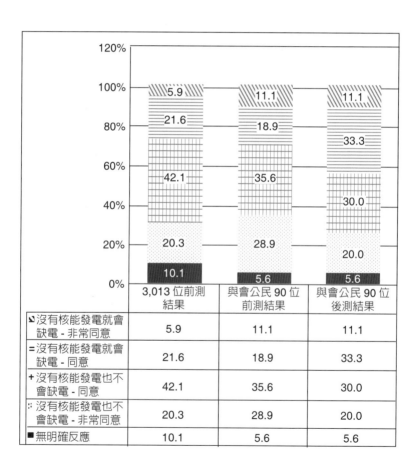

	3,013 位前測結果	與會公民 90 位前測結果	與會公民 90 位後測結果
↘沒有核能發電就會缺電 - 非常同意	5.9	11.1	11.1
≡沒有核能發電就會缺電 - 同意	21.6	18.9	33.3
＋沒有核能發電也不會缺電 - 同意	42.1	35.6	30.0
∴沒有核能發電也不會缺電 - 非常同意	20.3	28.9	20.0
■無明確反應	10.1	5.6	5.6

【第4題】有人認為核能發電比煤和石油便宜，更比天然氣和風
力便宜好幾倍；也有人認為，核能發電表面上看起來
比其他發電方式便宜，但加上核廢料處理等費用，核
能發電反而比較貴。請問您比較同意哪一種說法？

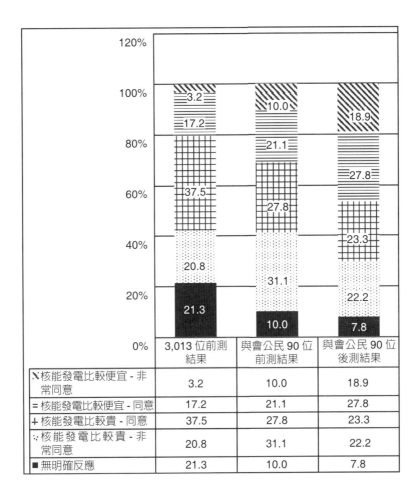

	3,013 位前測結果	與會公民 90 位前測結果	與會公民 90 位後測結果
⋈ 核能發電比較便宜 - 非常同意	3.2	10.0	18.9
＝ 核能發電比較便宜 - 同意	17.2	21.1	27.8
＋ 核能發電比較貴 - 同意	37.5	27.8	23.3
∴ 核能發電比較貴 - 非常同意	20.8	31.1	22.2
■ 無明確反應	21.3	10.0	7.8

【第 5 題】有人認爲：目前全球二氧化碳的排放量太高，使得氣
候暖化，問題很嚴重，而核能發電不排放碳，所以不
應當放棄。也有人認爲：核能發電如果發生災害而有
放射線溢出，會汙染環境，所以不應當使用。請問您
比較同意哪一種說法？

	3,013 位前測結果	與會公民 90 位前測結果	與會公民 90 位後測結果
核能發電不排放碳，所以不應當放棄 - 非常同意	4.7	10.0	11.1
核能發電不排放碳，所以不應當放棄 - 同意	20.4	28.9	34.4
核能發電若發生災害而有放射線溢出會汙染環境，所以不應當使用 - 同意	37.6	13.3	26.7
核能發電若發生災害而有放射線溢出會汙染環境，所以不應當使用 - 非常同意	27.1	41.1	24.4
無明確反應	10.2	6.7	3.3

【第 6 題】有人認為：為了保護我們的環境和居住安全，即使沒有核能發電而造成電價上漲，也應該接受；也有人認為，一般人民的生活負擔沉重，不管用哪一種方式發電，電價都不應該上漲。請問您比較同意哪一種說法？

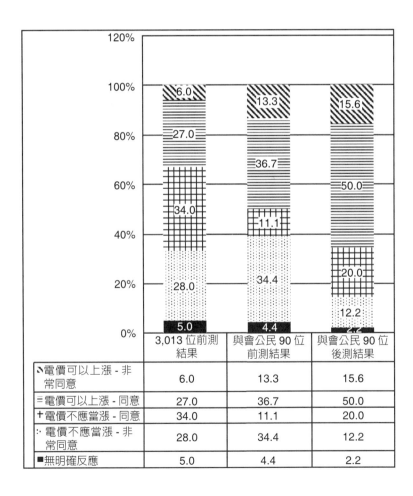

	3,013 位前測結果	與會公民 90 位前測結果	與會公民 90 位後測結果
↘電價可以上漲 - 非常同意	6.0	13.3	15.6
＝電價可以上漲 - 同意	27.0	36.7	50.0
＋電價不應當漲 - 同意	34.0	11.1	20.0
∴電價不應當漲 - 非常同意	28.0	34.4	12.2
■無明確反應	5.0	4.4	2.2

【第 7 題】整體來說，請問您是支持「核四續建」，還是「核四
停建」？

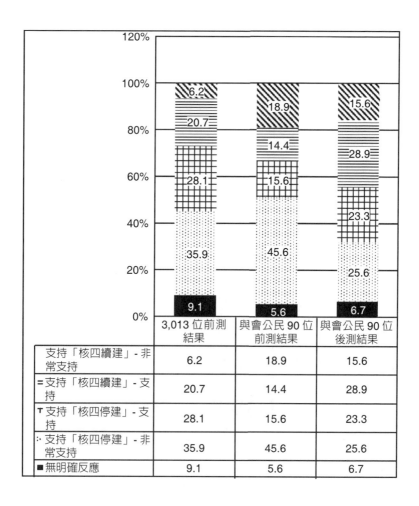

	3,013 位前測結果	與會公民 90 位前測結果	與會公民 90 位後測結果
支持「核四續建」- 非常支持	6.2	18.9	15.6
＝支持「核四續建」- 支持	20.7	14.4	28.9
⊤支持「核四停建」- 支持	28.1	15.6	23.3
∴支持「核四停建」- 非常支持	35.9	45.6	25.6
■無明確反應	9.1	5.6	6.7

【第 8 題】有人認為，核四是拼裝車，在施工期間發生很多問題，未來要是開始使用，會有很大的安全問題。也有人認為，核四只要在開始使用前，經過具公信力的國內外專家團隊，進行徹底的安全評估檢驗，這樣安全就沒有問題。請問您比較同意哪一種說法？

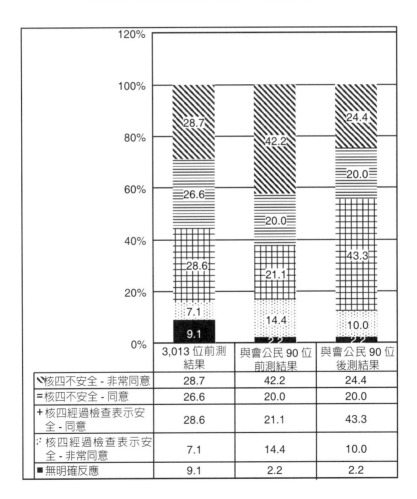

	3,013 位前測結果	與會公民 90 位前測結果	與會公民 90 位後測結果
＼核四不安全 - 非常同意	28.7	42.2	24.4
＝核四不安全 - 同意	26.6	20.0	20.0
＋核四經過檢查表示安全 - 同意	28.6	21.1	43.3
∴核四經過檢查表示安全 - 非常同意	7.1	14.4	10.0
■無明確反應	9.1	2.2	2.2

【第9題】有人認為，日本的地震引起海嘯，造成福島核災，台灣也常有地震，所以不應該發展核能發電。也有人認為，只要把核能電廠防護措施做好，就不用擔心地震或海嘯，所以應該還是安全的。請問您比較同意哪一種說法？

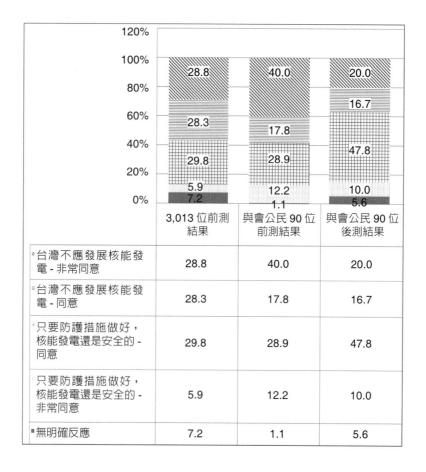

	3,013 位前測結果	與會公民 90 位前測結果	與會公民 90 位後測結果
台灣不應發展核能發電 - 非常同意	28.8	40.0	20.0
台灣不應發展核能發電 - 同意	28.3	17.8	16.7
只要防護措施做好，核能發電還是安全的 - 同意	29.8	28.9	47.8
只要防護措施做好，核能發電還是安全的 - 非常同意	5.9	12.2	10.0
無明確反應	7.2	1.1	5.6

【第10題】有人認爲：核能電廠如果發生意外，會像原子彈一
　　　　　樣爆炸。也有人認爲：核能電廠的設計原理和原子
　　　　　彈完全不同，即使發生災變也不可能像原子彈一樣
　　　　　爆炸。請問您比較同意哪一種說法？

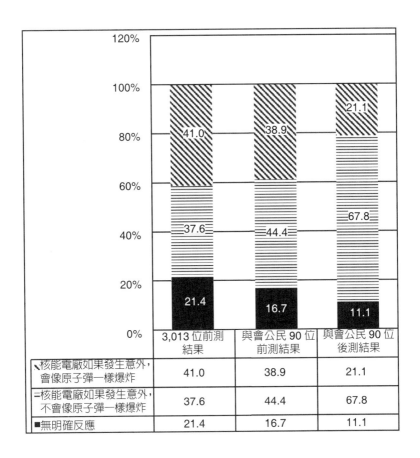

	3,013 位前測結果	與會公民 90 位前測結果	與會公民 90 位後測結果
核能電廠如果發生意外，會像原子彈一樣爆炸	41.0	38.9	21.1
核能電廠如果發生意外，不會像原子彈一樣爆炸	37.6	44.4	67.8
無明確反應	21.4	16.7	11.1

【第 11 題】有人認為：台東縣蘭嶼鄉是放核電廠的高放射性廢
棄物；也有人認為那裡放的是低放射性廢棄物。請
問您比較同意哪一種說法？

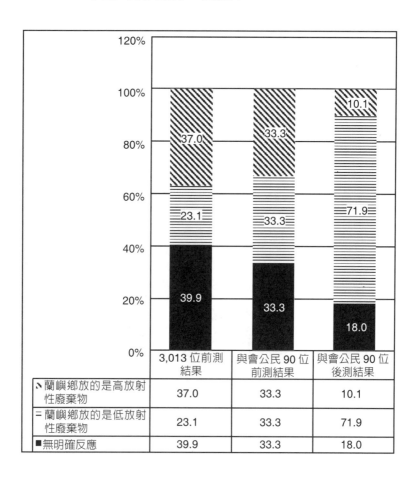

	3,013 位前測 結果	與會公民 90 位 前測結果	與會公民 90 位 後測結果
＼蘭嶼鄉放的是高放射 　性廢棄物	37.0	33.3	10.1
＝蘭嶼鄉放的是低放射 　性廢棄物	23.1	33.3	71.9
■無明確反應	39.9	33.3	18.0

【第 12 題】有人認爲：美國發生過很嚴重的核能災害，所以放
棄核能發電；也有人認爲，美國雖然發生過核能災
害，但沒有放棄核能發電。請問您比較同意哪一種
說法？

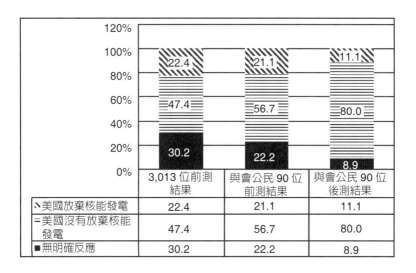

	3,013 位前測結果	與會公民 90 位前測結果	與會公民 90 位後測結果
＼美國放棄核能發電	22.4	21.1	11.1
＝美國沒有放棄核能發電	47.4	56.7	80.0
■無明確反應	30.2	22.2	8.9

【核能知識程度】（以第 10 題、第 11 題及第 12 題所建構之新
　　　　　　變數）

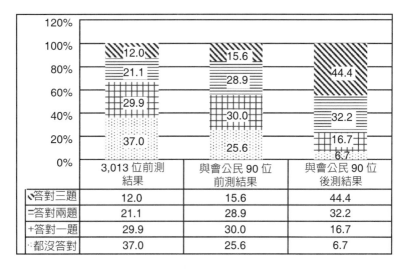

	3,013 位前測 結果	與會公民 90 位 前測結果	與會公民 90 位 後測結果
答對三題	12.0	15.6	44.4
答對兩題	21.1	28.9	32.2
答對一題	29.9	30.0	16.7
都沒答對	37.0	25.6	6.7

　　綜合前述統計，對照前後測之結果可發現，與會公民前測表
達贊成台灣使用核能作為發電的方式僅為 37.8%，在參與公民會
議之後，贊成台灣使用核能作為發電的方式則上升到 52.2%，其
次，認為核能發電安全的比率，由 34.5% 上升至 48.9%。另外，
與會公民對核四安全性議題的態度可發現，認為經過具公信力的
國內外專家團隊徹底評估核四的安全性，能夠同意核四安全性的
比率由 35.6% 增加至 53.3%。再者，表達認同沒有核能發電就會
缺電的比率，也由 30.0 上升至 48.9%。不過，雖然與會公民對於
核能發電的接受度在後測時比前測高，此議題仍具高度爭議性：
參加公民會議的公民在後測認同核能發電的比率只略高於半數，

認為核能發電安全的比率仍不及半數，再允許可能的抽樣誤差，這些比率顯然離「社會共識」還有很大的距離。

就環境及電價上漲議題方面，多數公民認為核能發電在發生災害時會有放射線溢出造成環境汙染，因此較不應當使用核能發電，但在考量二氧化碳排放量持續上升也會造成全球暖化時，與會公民較能認同採用核能發電來避免碳排放的增加。此外，與會公民也重視居住及環境的永續性，接受即使沒有核能發電致使電價上漲的情況，更甚於當前生活成本增加帶來的壓力。

與會公民在參加公民論壇活動前，對於我國能源政策（或核能政策）相關觀念有許多加強的空間，在經過會議資料說明、專家學者交流問答及分組討論後，多數與會公民已能正確回應我國能源政策（或核能政策）相關知識及測驗題組，顯示多數公民在參與論壇後，經過正確的觀念傳遞，有助於增進對能源政策議題的認知。

此外，就「贊不贊成台灣使用核能做為發電的一個方式」，和人口特徵變數交叉分析之統計結果時發現，台灣地區以居住於桃竹苗和高屏澎金馬贊成使用核能發電的比率為最高；在性別方面，女性相較於男性認為贊成使用核能發電的比率略高；從年齡級別觀察對於台灣使用核能的態度可發現，在 50 歲以上群體贊成使用核能的比率較高；依教育程度別觀察，專科族群和大學以上學歷者，贊成使用核能比率超過五成，其中專科學歷者贊成的比率高達八成，而在小學及以下學歷者，反對台灣使用核能比率亦達七成五。

就職業別與贊不贊成台灣使用核能做爲發電的一個方式之交叉分析，企業主及高階主管與退休無業身分者，較不贊成台灣使用核能做爲發電選項之一，其中，企業主及高階主管不贊成之比率高達七成五，而屬於軍公教、中低階主管、業務及職員和專業人員及 SOHO 族等職業類別者，贊成之比率在六成以上。

以家庭月收入衡量對台灣使用核能之態度取向，家庭月收入在 30,000 以下者反對使用核能之比率較高，而家庭月收入在 30,001～45,000 元、60,001～80,000 元、80,001～100,000 元等區間者，爲較贊成使用核能做爲發電選項之群體。另就核能知識測驗題與贊不贊成台灣使用核能做爲發電的一個方式之統計交叉分析發現，全部回答正確者，其贊成使用核能做爲發電選項之比率達 86%。

第 5 節　摘要與結論

依據審議式民主之程序，完成我國能源政策議題之研究，主要結果分就「問卷調查結果」與「工作坊（公民論壇）」辦理過程發現分述如下：

一、問卷結果

（一）問卷前測（樣本數 3,013 份）之統計結果，受訪者的縣市住居人口分布比率和全台灣各縣市人口分布比率幾近一致，可以做爲基準情境下，我國公民對於能源政策議題衡

量的態度表徵。

（二）在前測問卷當中，多數公民表達出對核能發電在安全性及
汙染環境面的疑慮，亦認為電價上漲會造成生活成本增加
而反對電價調整，選擇不贊同台灣使用核能發電做為能源
政策選項之一占多數。

（三）在前測問卷當中，就核能知識認知程度問項，大多數的受
訪者未能正確回答有關核能的議題，顯示正確的核能資訊
與知識未被受訪者熟悉。

（四）在前測問卷中，受訪者接收核能發電的主要資訊來源為電
視新聞，其次則為報章雜誌與書籍，呈現出電視媒體對於
受訪者在資訊接收上具有重要影響力。

（五）此次活動成功邀請 90 位公民參與公民論壇，且在對照與
會公民問卷前測及全樣本數之問卷前測結果發現，90 位與
會公民所呈現的態度與全樣本數的結果有其類似之處，在
會前同樣表達出不贊同台灣使用核能發電做為能源政策選
項，和對核能發電在安全性及汙染環境面向上的疑慮。

（六）與會公民後測問卷中，贊成採用核能發電作為我國發電來
源之一的比例較前測增加；支持核四續建的比率提升，且
認為核四在經過具公信力的國內外專家團隊，進行徹底的
安全評估檢驗後是安全的比率也增加。

（七）在參加工作坊之前，多數受訪者對於核能相關基本知識較
不熟悉，在參與工作坊之後，對於核能知識有顯著提升。

（八）不過，由於核電議題具高度爭議性，且參加公民會議的公

民在後測認同核能發電的比率仍只略高於半數，認為核能發電安全的比率仍不及半數，再允許可能的抽樣誤差，這些比率顯然離「社會共識」還有很大的距離。

二、工作坊辦理過程之發現

（一）此次會議之與會公民以北區人數最多，主要原因在於大眾交通運輸網絡的便利性，增加與會民眾參與的誘因。部分與會公民反應舉辦地點如離住家較遠，將降低與會意願。未來舉辦相關活動時，如能夠深入當地的鄰里而非僅選擇於市中心舉行，將有助於增加公民們與會的態度。

（二）依據審議式民主流程，建立分組討論規則，有助於分組討論時的意見交流和溝通，同時採用約 10 人為一組，每一組搭配 3 位工作人員，協助引導民眾提出建議與想法，能有效地增進討論的流暢度和完整度。

（三）與會公民反應及建議在專家學者的安排上，可再多邀請有關核能安全方面領域的人士，並且可延長問題回答時間。

（四）部分與會公民建議問卷題目的設計可簡化，以利於回答及填寫，亦可增進填答正確率。

相片 3-1　能源工作坊小組討論一

來源：中華經濟研究院

相片 3-2　能源工作坊小組討論二

來源：中華經濟研究院

相片 3-3　能源工作坊小組討論三

來源：中華經濟研究院

相片 3-4　能源工作坊大會程序說明：講者後方分割銀幕可看高雄及台中現場同步連線影像

來源：中華經濟研究院

相片 3-5 能源工作坊大會討論

來源：中華經濟研究院

註 釋

1. 財團法人中華經濟研究院院長。

2. 財團法人中華經濟研究院第三研究所分析師。

3. 另可一提的是：學者柯布及艾爾德認為「議程設定」是從「公共議程」發展至「政府議程」的程序，若關心政策議題的民眾愈多，則議題愈可能進入政府議程。其中特別需要注意的是，「議題設定者」（例如：政治人物、政黨或利益團體等）將會創造議題，或者是將議題予以戲劇化進而吸引大眾注意，且假使能引起愈廣泛多數民眾關切重視，或是涉及愈多利害關係的個人、組織、或是團體，即愈有可能進入政府設計政策方案尋求解決之道的階段。（參見 Cobb, 1983；McKelvey, 1973；黃東益及鍾道明，2005；蔡炯青及黃瓊儀，2002；魯炳炎，2009；余莓莓及黃琬珺，2013）在這種情況下，議題的討論就很有可能被民粹化。本文提出的審議民主，其精義即在於避免盲目、弱智的民粹，而可以發揮民主的真正精神——人民理性討論、反覆辯證、做出決定。

4. 本章內容為學術研究，不代表中華經濟研究院或該計畫委託單位的意見。

5. 此問項設計可能產生自我選擇偏差的疑慮，惟研究中所選取樣本 3,013 人與母體結構相近，即目標族群和被選為研究族群的比例大致相同，且因籌辦審議民主會議時間緊湊，透過此問項較能更有效率地邀請公民與會、完成會議進行。

附錄：「審議式民主工作坊—能源政策」公民論壇

會議手冊

（摘錄「論壇主題說明」內容）

中華經濟研究院

審議式民主工作坊—能源政策

民國 102 年 8 月 24 日

一、台灣不用核電，會缺電嗎？

1.1　不會缺電，不採用核電仍可有合理備用容量率

➤ 所謂的備用容量率是指目前發電系統的發電能力，相較全年用電量最高的那一日所需的供電能力高出多少。台灣的法定備用容量率（應為合理備用容量率）是 15%，而近年來均在 20% 以上。若依照能源局所公布的「2010 年至 2019 年長期負載預測與電源開發規劃」資料，去年底台灣的淨尖峰能力為 44,827 百萬瓦（MW），意即，若目前馬上停止既有 6 座核電機組之運轉，扣除其所提供的 4,886 百萬瓦的淨尖峰能力，尚有將近 40,000 百萬瓦的淨尖峰能力。因此若核電馬上停機，則台灣的備用容量率將降為 11% 左右，且若能更進一步力行節電，使尖峰負載抑制近五年最低值時，則此時即使不採用核電，備用容量率仍可維持 18% 以上，符合（合理備用容量率）標準。《環境資訊中心》

1.2　目前備用容量率沒有偏高，核四不運轉會有缺電危險

➤ 我國屬於島嶼型獨立電力系統，電力供應吃緊時無法由國外支援，因此電力的備用容量率參酌國際經驗訂為 15%。比較同為獨立電網的韓國，我國備用容量率與其相當，但與英國與日本（和我國相同定義下的日本備用容量率高達 45%，見附錄表 3）相比則我國偏低。《經濟部》

➤ 不採用核電仍可有合理備用容量率的說法，是假設未來電力不只可零成長，甚至可以負成長，從過去世界各國的經驗來說，這種情況發生的機率很低。因為經濟要成長，用電也要成長，尤其人民生活水準愈高，電器使用愈多，用電就愈多。以「經濟合作發展組織」（OECD）國家為例，1990 ～ 2010 年間，用電年平均成長率為 1.8%。開發中國家，則因經濟成長較大，電力零成長更難。《C. Y. Liang, 2013》

➤ 根據台灣電力公司的資料，我國 2012 年之核能發電占比為 18.4%，未來核四完工再增加 9%。如果以 2013 ～ 2025 年平均經濟成長 3.37%，電力需求年成長 2.2%（彈性值 0.65%）推估，若核四停建，屆時備用容量率將降至 5.8%，將發生民國 80 年代的停限電夢魘。

➤ 協和電廠因環保標準無法提升，將於 2015 年關廠；而深澳火力發電廠汰舊換新的工程，遲遲無法動工，原本將商轉時程分別延後至 2018、2019 年，亦恐因民眾的抗議而跳票；又加上核一、二、三廠將陸續自 2018 年開始除役，屆時 2022 年淡水河以東的大台北地區將無電廠，供電缺口（2022

年達 271 萬瓩、2023 年 381 萬瓩），將超過中北輸電幹線之
可靠送電能力（200～300 萬瓩），若有一個超高壓鐵塔倒塌，
大台北地區將有大規模停電的危機。《C. Y. Liang, 2013》

1.3 把核四電廠改為天然氣發電廠，即可不缺電

➢ 美國在 1979 年三哩島核災後，有 2 座興建中的核能電廠轉
換成燃煤發電廠與汽電共生電廠，1 座轉型成天然氣發電廠，
美國的經驗值得台灣參考，應該將核四電廠改成天然氣發電
廠，既環保又安全。《宜蘭人文基金會》

1.4 核能電廠改成天然氣發電廠並不可行

➢ 核能電廠與天然氣發電廠的設計截然不同，改建不比建新廠
容易，另必須面對土地因變更使用目的而辦理廢止徵收、歸
還原地主土地、重新辦理徵收、增設天然氣供應設施、投資
無法完全替代（部分核電機組設備無法供天然氣發電機組使
用，必須淘汰）、天然氣管線的鋪設困難度高以及重做環評
等問題，緩不濟急，且將增加發電成本及二氧化碳排放量。

➢ 除此之外，天然氣電廠受限於天然氣儲存成本高且安全儲存
天數偏低（夏季約七天），一旦颱風肆虐超過一週，將造成
液化天然氣運輸船無法靠岸，此時約占發電量 30% 到 40%
的燃氣電廠將停擺，此會影響國家的能源安全與供電量。《經
濟部》

➢ 因為天然氣發電每度成本是核四的二倍多，電價會因此上漲
（至少 10%）。尤有進者，因核四已投資的金額（2,838 億

元）的大部分將因報廢而成台電虧損，此將逼近台電資本額
（3,300 億元）。若由政府負擔，形同全國每戶約增 5 萬元
的國債，若反映在電價上，電價未來上漲幅度更大。《C. Y.
Liang, 2013》

1.5　提升能源使用效率，就不會缺電

➤ 長期偏低的油電價格（2011 年平均售電價格 2.60 元，2012
年 2.72 元），導致台灣的能源使用效率遠遠落後於其他先
進工業國家。1973 年第一次石油危機爆發，國際油價上漲
四倍，我國卻堅持低能源價格政策，1974 年到 1980 年間，
台灣能源使用效率大幅下滑，GDP（國內生產毛額）每增
加 1%，能源消費增加 1.31%，但在此之前，每增加 1% 的
GDP，能源消費只增加 1.05%。相反的，全球工業國家卻讓
市場反映油電價格，促使企業積極推動節能措施，大大提升
能源使用效率。

➤ 在第一次石油危機後，工業國家 GDP 每增加 1%，能源消費
只需增加 0.5%，近年來更降到只需要增加 0.37%。2000 年
至 2003 年台灣 GDP 每增加 1%，能源消費增加 1.93%，能
源使用效率只有先進工業國家的 1/5。只要讓市場反映油電
價格，促使企業積極推動節能措施，大大提升能源使用效率，
就不會有缺電問題。《遠見雜誌》

1.6　提升能源使用效率若無新電廠，還是會缺電

➤ 提升能源使用效率，就不會缺電的說法，從過去世界各國的

經驗來說，發生的可能性很低，以「經濟合作發展組織」
（OECD）國家爲例，1990～2010年間，用電年平均成長
率爲1.8%。日本過去20年被稱爲「失落的20年」，節能減
碳也很成功，但用電仍然以每年1.3%的幅度成長。開發中
國家，則因經濟成長動能較高，電力零成長更難。

➤ 以台灣爲例，1990～2000年平均用電成長率爲6.72%，
2000～2010年爲3.1%。台灣2000～2010年比1990～
2000年用電成長大幅下跌，主要因科技泡沫、金融大海嘯
及歐債危機等影響，經濟成長由6.23%跌爲3.86%，且用
電效率在2008～2010年平均提高1.8%之故。這也是爲何
2000～2010年間，核四遲遲尚未完工，但電力供應卻尚有
餘裕的原因。《C. Y. Liang, 2013》

1.7　增加再生能源發電就不會缺電，而且有助於減碳

➤ 【增加再生能源發電，就不會缺電】
據官方的政策規劃，2025年時，台灣再生能源的總裝置容量
要達到8,968百萬瓦（MW），其中風力發電2,516百萬瓦，
太陽光電2,000百萬瓦。但實際上，在風力跟太陽光電以及
其他再生能源上，均能達到更高的目標。所以，台灣根本就
不會有缺電的問題。《環境資訊中心》

➤ 【台灣沿岸發展風力發電潛力無窮】
聯合國政府間氣候變化專門委員會（IPCC）成員，再生能源
專家Sven Teske於2013年6月25日應邀來台演說，強調比

起核能發電與化石燃料發電，再生能源在成本、來源穩定與
就業機會上都勝出。而台灣沿岸發展風力發電潛力無窮，分
散式供電更將是世界未來能源發展的趨勢。《環境資訊中心》

➢ 【台灣離岸風力發展條件極佳】

世界上前十大適合發展離岸風力的風場都在台灣海峽，發展
條件極佳。離岸風力今年是第二期計畫，目標 2016 年前在
彰濱、雲林外海做 6 架「示範風機」。每架風機約可發電
200 至 300 萬瓦。《T. H. Lin，國家型能源計畫中「離岸風力」
計畫主持人》

➢ 【再生能源不會排放溫室氣體】

如風能、水力、太陽光電等不會排放溫室氣體，如二氧化碳，
因此不會增加溫室效應的風險。風力與太陽光電是我國目前
發展較成熟的再生能源。2012 年度風力及太陽光電累計發
電量約 16 億度，因其發電不需燃料且不會排放 CO_2，故其
2012 年度所替代之燃油、燃煤及燃氣電力，約節省 406,993
公秉燃油、602,350 公噸燃煤或 268,941 公噸燃氣且減少約
872,594 公噸 CO_2 排放，相當於 77,910 公頃造林效益。《台
灣電力公司》

1.8 再生能源替代核電並不可行，用核電反而可以減碳

➢ 【無法成為穩定持續的供電來源】

如太陽光電、風力發電，需有足夠的風力或日照才能發電，
不像傳統火力電廠或核能可全天候發電。傳統能源電廠年利

用率達90%以上，反觀風力發電機組，年利用率僅達28%（陸上風力）～38%（離岸風力），太陽光電更只有14%，現階段皆無法成為穩定持續的供電來源。《經濟部》

➢ 【台灣相對發展再生能源條件較差】（比較歐洲，如德國）

1. 德國電網和歐洲其他國家連結，缺電時可向外購電，我國是獨立電網，無法假以外求。

2. 德國家戶電價是每度新台幣10元左右，核能大國的法國是德國的一半，我國則是每度2.73元左右，要如何讓我國民眾接受德國的電價水準？

3. 台灣水力資源有限，且再生能源的裝置最需要空間，台灣地狹人稠，三分之二的土地是山地，其中有一半是1,000多公尺的高山。以風電而言，有風場較佳的200公里的西海岸線已裝設314座風機，但僅占總裝置容量1%，總發電量0.6%。在夏天用電高峰時，因風小無法供電。

4. 即令台灣順利達到再生能源發展條例所訂的增設目標，2030年增設為目前（369.7萬瓩）的3.4倍達到1,250萬瓩的電力總裝置容量，也僅能達到當年16%總裝置容量及約8%的總供電量。

5. 若以風機來替代核四（270萬瓩，年發200億度電），需建風機（2MW/1座）達4,000座，這些風機到哪裡蓋？因目前風機附近（如苑裡）已有居民抗爭。澎湖海纜在雲林上陸也遭居民反對。

6. 若以太陽光電來替代核四，則需 1.5 萬公頃的土地及屋頂，約占台北市面積的 60%。先不論太陽光電成本較貴（1 度約 6 ～ 9.4 元，高於燃氣的 4.7 元），對電價的影響（達 18%），高於以燃氣替代核四的增幅（10%），且由於其供電不穩定的特性，如晚上不能供電，白天沒太陽也不能供電，而台灣又是獨立電網，無法像歐陸國家有聯網系統，電力不足可向他國取得電力。《C. Y. Liang, 2013》

➢ 【煤炭、石油發電來替代核能發電不利我國減碳目標的達成】煤炭、石油發電會產生大量煙塵和廢氣，造成空氣汙染。石油在使用前的提煉過程亦會汙染環境。這不利於我國減碳目標的達成。目前 CO_2 排放量約 2.57 億公噸，如果放棄 4 座核電廠（核一、二、三、四）將增加 4,700 萬公噸 CO_2（占總 CO_2 排放的 18%），其中，如果核四不商轉，則會增加 1,600 萬公噸（占 6.4%）。《經濟部》

二、核能發電與其他發電方式成本比較，有比較便宜嗎？

2.1 核能發電不便宜

➢ 【核電成本高於平均售電成本及天然氣成本】

1. 無論是核電的來源或放射性廢棄物的去處，從總體的發電成本計算，核能發電的電力成本並不便宜。除此之外，核四電廠若今年 5、600 億元的追加預算通過，總建廠成

本將高達 3,300 億元，每度電成本不可能維持原本計畫的
2 元，極可能超過台灣電力公司去年（2012 年）平均售
電成本的 3.09 元，甚至比天然氣的 3.81 元還要貴，若後
年投入商轉，反而有拉高電價的壓力。《環境資訊中心》

2. 若將環境破壞成本、退役成本、社會成本、放射性廢棄
物處理成本等納入計算，核能發電並不便宜，只是台灣
電力公司窄化了成本的計算。以日本為例，其將社會成
本（環境對策費用、事故風險對應費用與政策經費）納
入計算後，還會更高。《Gordoncheng's Blog》

2.2 核能發電便宜

➢ 【核能發電成本相對較低】

1. 就發電成本而言，核能燃料比起其他化石能源燃料相對
低廉，亦低於平均售電單價（2012 年平均售電單價為 2.72
元 / 度，核能發電成本為 0.72 元 / 度，核四預估發電成本
也低於 2 元 / 度）。

2. 另根據 2005 年歐盟所做評估的結果顯示，各種發電方式
中，各國大抵以燃煤發電外部社會成本最高、油次之，
天然氣再次之，核能及再生能源則相對較低。每發一度
電的各類發電外部社會成本如下：以煤為 100，依序排列
生質能為 46.8，天然氣為 30.9，核能為 8.5，水力為 5.1，
太陽光電為 4.2，風力為 2.3，此外部社會成本的估算係
採生命週期評估法，範圍包括空氣汙染、水汙染、土壤

汙染及噪音污染，氣候暖化成本、意外成本（包括職災、公共風險）、建築物傷害、廢棄物成本等。因此，即使將外部成本納入計算（0.19 元／度），核能發電還是相對便宜。《經濟部》

➤ 【以其他發電方式取代核電，可能造成的影響】

以燃氣取代核四，發電成本增加 534 億，電價漲 10%，經濟成長降 0.13%，消費者物價漲 0.34%，失業人口會上升 2.49 萬人。若加計燃氣取代核一、二、三廠，電價將漲 40% 以上。以再生能源替代核四，因成本更高，電價漲幅更高（以太陽光電替代核四單就發電成本的增加，電價漲 18%）。《C. Y. Liang, 2013》

三、核能發電安不安全？可以用嗎？

3.1 不安全，不可以用

➤ 【世界核能事故對人類及環境衝擊】

根據《世界核能協會》（World Nuclear Association）的資料顯示，從民用核能發電史來看，由 1960 年至 2011 年，這 50 年間已經發生了三次的核能事故：三哩島、車諾比和福島。這三次的核災事故中，對人類及環境衝擊最大者為車諾比，造成至少數百人的傷亡以及嚴重的放射性汙染（另有民間估計死傷超過數萬人）。其次是近年發生在日本的福島核災，無人員因輻射而傷亡，但造成嚴重的環境汙染。三哩島核災

輻射洩漏的範圍侷限於反應爐圍阻體之內，但也引發極大的關注。

➤ 【福島核災後，各國政策的轉變】

日本福島核災發生後，日本核能發電的占比由 2011 年的 30%，驟降至 2012 年低於 3%。德國明定廢核時程，於 2022 年前全面廢核。義大利則放棄了首座興建中的核電廠，維持無核國家的立場。《世界核能協會》

3.2 可以用，而且不得不用

➤ 【大多數國家繼續使用核能發電】

日本福島核災後，在已擁有核電的 31 個國家中，仍有高達 26 國政策不變。其中，去年（2012 年）全球前 10 大經濟體中，美國的核能發電占其總發電量的比率約為 19%，英國為 18%，法國為 75%，德國 16%，俄羅斯 18%。這些國家之中大多數都有持續增加核能發電的趨勢。《世界核能協會》

➤ 【廢核所帶來衝擊】

1. 日本的廢核政策造成了其國家貿易赤字的擴大、電價上漲、CO_2 排放目標削減以及產業外移等嚴重問題。

2. 德國以再生能源替代核能也造成電價大幅上漲及電力供應嚴重不穩的現象。2011 年德國停電超過 3 分鐘的次數達 20 萬次。《Nature》（2013/4/11）

➤ 隨著傳統化石能源的日趨枯竭，以及燃燒化石燃料給人類生存環境帶來的負面影響日益嚴重，核能無論從經濟上，還是

環保上來說，都是一種不可或缺的替代能源。與其他能源相比，核能具有清潔（不會對空氣造成汙染）、環保（不會排放二氧化碳，有助於減輕溫室效應）、低耗（所消耗的核燃料比同樣功率的火力發電所消耗的化石燃料少得多）、占地面積小（只占同規模太陽光電發電約 1/20，風力約 1/80）。《L. L. Tan, 2013》

➤ 值得注意的是，曾經發生核災的美國（三哩島）及俄國（車諾比）仍持續發展核能，最接近日本且為我國主要貿易競爭對手國的韓國，在福島核災後仍持續發展核能的政策不變。《C. Y. Liang, 2013》

➤ 目前韓國核能占發電比重約 36%，大於台灣的 18%。這是韓國可以在近年世界油、煤、氣等能源大幅上漲時，工業用電價格仍可維持世界最低者的重要原因之一。2030 年韓國核電比重將達 59%，屆時，台灣核電比重將為 5%，若核四不運轉則為 0%。《C. Y. Liang, 2013》

3.3 核四電廠不安全

➤ 【強震的威脅】

日本福島外海發生芮氏規模 9 級的強震，隨之而來的海嘯超過 10 公尺，防災系統一個個失靈，造成一場世紀災難。有了福島核災的前車之鑑，和日本一樣處於環太平洋地震帶、板塊活動頻繁的台灣，自 1896 年台灣設立地震儀以來，全台共發生 8 次規模 7 級以上的大地震。而核四廠接近斷層又

靠近海邊，難保福島類型災變不會發生在台灣。《中央氣象
局》

> 【超過 7 級地震，核四電廠可能會產生問題】
一般而言，建築防震係數 0.25g 到 0.4g （g 為地表重力加速
度），可預防震度 6 級以上地震，大於 0.4g 可預防 7 級以
上。係數愈高，被認為愈安全，日本、美國的核能電廠的防
震係數在 0.6g 以上。反觀核四電廠為 0.4g，但台灣的水庫，
包括曾文（0.42g）、烏山頭（0.43g）、牡丹（0.41g）、美
濃（0.49g），都比核四電廠還耐震。《大紀元》

3.4 核四電廠安全

> 【核能電廠安全性符合法規】
核四廠選址是根據美國核能管制委員會（NRC）1975 年頒布
的核能電廠選址準則，規定廠址半徑 5 英里（8 公里）內不
得有長度超過 1,000 呎（300 公尺）之活動斷層。核四廠址
35 公里內確定沒有活動斷層，其安全性符合法規。核四廠址
除了已歷經許多專家勘查確認安全沒有問題，廠房設計能承
受 7 級強震，還建有海嘯牆，可抵禦 14.5 公尺高的海嘯。《經
濟部》

> 【核四電廠沒有耐震係數偏低問題】
核四電廠耐震設計是依據美國核能法規規定，針對核四電廠
廠址特性，蒐集廠址半徑 320 公里範圍內，以往四百年內所
發生之地震紀錄，嚴密保守計算，篩選出對廠址影響最顯著

的歷史地震是 1908 年發生在台灣東部規模 7.3 之地震，並把它的震央從大約 160 公里外的地方，假設性發生在距離核四電廠址只有大約 5 公里的地方，計算出設計基準耐震係數為 0.4g（廠房地下 26 公尺深基礎岩盤的耐震度），換算成反應器廠房一樓樓板，耐震係數則高達 0.66g，相當的保守，並沒有所謂「耐震係數設計太低」的問題。《經濟部》

➤ 【福島核災並非地震引起】

2011 年 3 月 11 日，日本發生大地震，距離震央 180 公里的福島發生核災，造成輻射外洩意外，然而距離震央最近約 150 公里的女川核電廠（Onagawa Plant）卻未受損。探究福島核災主因並非是地震所引起，而是後來引發的海嘯，使它的電力設備因淹水而喪失所有的電源，而根據最新的日本國會調查結果顯示，事故的主因其實是決策程序僵化等人為疏失所致。《經濟部》

3.5 核四電廠是拼裝車

➤ 【核四電廠是拼裝車】

核四電廠的反應爐為美國設計，日本製造，台灣安裝的拼裝車。《環境資訊中心》

➤ 【施工問題不斷，品質管控問題亦層出不窮】

核四電廠在施工前半期，工地主任……無核電廠施工經驗，且多數工地人員均為約僱人員，核電廠施工安全及品保概念闕如，導致施工問題不斷，品質管控問題更層出不窮。2010

年 7 月 9 日進行系統測試時，因喪失外電而當機 28 小時，
超出核子反應爐可接受的 8 小時安全期限。《環境資訊中心》

➤ 【品管監工的人員之相關訓練不足？】

核一、核二、核三當年興建之競標方式為最有利標，施工和
監督過程相較於核四較嚴謹及較值得信任，而早期興建核四
的競標方式有不少為最低價得標且由承包商自我管理，負責
品管監工的單位人員是否有受相關訓練，是否有足夠能力及
經驗做工程驗收之品質管控，是個疑問。《環境資訊中心》

3.6　核能建廠專業分工是國際常態

➤ 【核能建廠專業分工是國際常態】

結合不同專業廠家的技術優勢，創造具競爭力的產品，是國
際常態也是潮流。例如：日本柏崎刈羽電廠的第 6、第 7 號
機也是進步型沸水式反應爐（ABWR）（與核四廠相同），
其主要設備是由日立、東芝及奇異公司提供，與核四廠的設
備供應商相近。美國已要求與核安有關設備組件廠家，必須
持有最嚴格的「核能級標章」（N Stamp）認證，才能從事
設計、供料、製造、組裝或測試。《經濟部》

➤ 【確保核四安全無虞，才會運轉】

核四興建工程監督工作由原能會嚴格把關，自 1999 年以來
共對核四工程裁處違規 49 件，其中 36 件已改善完成並經原
能會同意結案，其餘列管案件正持續改善；注意改進事項，
一共 536 件，已經結案的有 442 件，沒有結案者，大部分的

改善工程都已經完成，等台電提交書面報告，經過原能會審查後才結案。

核四接近完工（1號機完成95%，2號機91%），已完成多項燃料裝填前必須完成的重要安全測試，目前則進行廠房結構完整性洩漏測試、圍阻體完整性洩漏測試等。

政府另已成立「強化安全檢測小組」，全面重新再進行試運轉測試，並由國內外學者專家共同監督以確保核安。最後確認安全無虞，才會讓核四裝填燃料。《經濟部》

➤ 【台灣核電廠的運轉績效，全球排第二】

台灣使用的核能機組源自美國，幾乎所有的法規與管制模式均與美國一致。核能發電在台灣已運轉超過三十年，2011年 Nucleonics Week 期刊評比，台電公司核能電廠的運轉績效，在2010年全球排名第二。而在2011年世界核能發電協會的評比中，關於核能安全的幾項重要指標，如容量因數（代表機組發電績效）、臨界7,000小時非計畫自動急停（代表機組跳機指標）、安全系統績效（機組安全指標）、燃料可靠度等，台電公司的平均值亦名列前茅。代表台灣有成熟與完整的核能法規管制機制與能力。《經濟部》

➤ 【IAEA 的評比，台灣核能電廠排名第五】

《國際原子能總署》（International Atomic Energy Agency, IAEA）的最新評比，台灣的核一、二、三廠共6部核電機組，在「機組容量因數」（unit capability factor）評比中，於現有

31 個核電國家中排名第五，明顯優於美國（第 8 名）、韓國（第 14 名），德國（第 18 名），法國（第 22 名）、英國（第 28 名）以及最後一名的日本（第 30 名）。

3.7 放射性廢棄物，台灣無法處理

➤ 【放射性廢棄物的最終處置問題還未解決】
四十年來放射性廢棄物的處理與處置一直就是公認嚴重的問題，即使已投注了無數的人力與金錢後，無論在台灣，或者在世界各地，其最終處置還沒有普遍可以接受的可行方法。《宜蘭人文基金會》

➤ 【台灣沒有能力實施高放射性廢棄物的最終處置】
國內核能電廠在管理放射性廢棄物的歷史紀錄並不好。例如：1980 年，台電公司在蘭嶼以興建魚罐頭工廠為名，興建放射性廢棄物貯存場；1982 年，核 1 廠拋棄放射性廢棄物於台北縣石門鄉垃圾場，導致放射性汙染；1984 年，運送放射性廢棄物的船隻與漁船在金山外海相撞，廢料桶墜入海中；1994 年，台電公司蘭嶼貯存場，發生廢棄物桶銹蝕，有輻射外洩之虞；銹蝕桶數達數百到數千桶等。《維基百科》

➤ 【如果核電廠像原子彈一樣爆炸，就完蛋了】
核能電廠裡的相關原料和廢料有高度放射性，如果核電廠像原子彈一樣爆炸，會造成很大的傷亡。

3.8 放射性廢棄物可以處理

➤ 【國際上已能處理高放射性廢棄物】

目前芬蘭與瑞典正在興建高放射性核廢棄物最終處置場,預計 2020 至 2025 年陸續啓用,可見廢棄物不是不能處理。《經濟部》

➤ 【放射性廢棄物的處理】

核能發電產生的放射性廢棄物分爲低放射性(手套、輻射防護衣物等)及高放射性;前者主要運至蘭嶼貯存場貯存,後者目前皆安全貯存在核電廠內之貯存設施,其處理政策爲「近程採廠內水池貯存、中程採乾式貯存、長程推動最終處置」,並配合國際情勢的發展,對用過核燃料的管理策略做適切的調整。《經濟部》

➤ 【核電廠不可能像原子彈一樣爆炸】

在目前運行中的壓水反應爐核電廠中,鈾 -235 含量只有 2 ～ 4% 左右,而原子彈的鈾 -235 含量卻高達 98% 左右,兩者完全不同。另外,核電廠發電的設備和引爆原子彈的裝置也完全不同,不可能像原子彈一樣爆炸。福島核事故中,核電廠發生了氫氣與氧氣混合後的爆炸,沒有發生原子彈爆炸。《L. L. Tan, 2013》

附錄表 1　世界各國備用容量率比較表

國別	備用容量率 目標值	計算公式	說 明
美國	15%		＊供電容量等於轄區內系統容量＋轄區外購入容量‐售電至轄區外容量，包括可控制需量反應（CCDR）。 ＊尖峰負載包括調整間接需求面管理如節能減碳、能源使用效率及 Non-CCDR。
英國	20%	供電電容 – 尖峰負載 ÷ 尖峰負載	＊英國電力系統的缺電機率標準為每 100 年中，冬天發生缺電的情形不得超過 9 個年度。
台灣	15%		＊供電容量指每年 7 月初全系統之淨尖峰能力（不含廠用電）。 ＊尖峰負載指全年 8,760 小時負載之最大值。
韓國	15～17%		＊供電容量指裝置容量，尖峰負載含廠用電。
新加坡	30%		＊供電容量指裝置容量。
日本	8～10% （預備率）	可調度電容 – 尖峰負載 ÷ 尖峰負載	＊定義與各國不同，日本稱為預備力。 ＊可調度容量是指尖峰月扣除檢修容量、廠用電、故障容量、枯水減載、氣溫機組減載後之淨出力，尖峰負載則是指全年最高三日尖峰負載之平均值。 ＊尖峰負載不包含需求面管理之負載減量。

資料來源：台灣電力公司

說明：日本沒有備用容量率的說法，稱為預備率，約為 8～10%。但根據
　　　2009 年實績，以國際備用容量率慣例的估計，日本備用容量率高達
　　　45%。

第四章

中國大陸參與式預算與協商式民意調查的政策實驗[1]

吳建忠[2]

第 1 節　對參與式預算的基本思考[3]

　　2005 年，浙江省溫嶺市啓動實施參與式預算，首開中國大陸地方預算協商民主的先河。此後，參與式預算在江蘇無錫市、黑龍江哈爾濱市、上海閔行區、河南焦作市、四川巴中市白廟鄉、雲南鹽津縣、安徽淮南市、廣東佛山市順德區等地逐次展開。以上各地的參與式預算和民主協商做法可歸納爲三種類型，以焦作市爲代表的預算公開，以無錫市爲代表的公共項目選擇，以溫嶺市爲代表的參與式預算綜合實驗——既注重公眾參與下的預算編製、審查和監督，又兼有預算公開和預算專案選擇。參與式預算在中國大陸十多年的探索成效顯著，引起國內外研究者的矚目。

　　要使參與式預算順暢並卓有成效地推行，必須討論清楚參與式預算的幾個重要問題和環節。

一、如何界定參與式預算？

　　這個問題是為了確立一個內涵和外延都比較合適的概念，涉及到參與式預算的定位、性質、功能、方式、如何參與……等許多相關的核心問題。參與式預算的定義應該包含參與式預算的主體、客體和行為；主體和客體的界定相對容易，而對於行為的界定則比較困難。有些學者對定義的行為使用列舉的方式，但參與式預算的具體方式和程序，目前仍然在探索和發展中，不可能全部列舉，是以這種方式並不妥當。例如：以前我們可以列舉從公眾參與預算編製和協商，到參與預算的執行監督，現在我們已經開始探索公眾參與下的預算績效評估，過幾年，可能又將會推出新的方法，所以不可能把參與式預算的所有行為列舉完整。

　　恰當地定義參與式預算，建議還是用表述的語言來描述和歸納，不要使用列舉方式。而且，鑑於參與式預算還在發展過程中，對於它的定義要具有開放性、包容性，不要過度框定其內容。在此原則下，我們可將參與式預算初步定義為：「社會公眾制度化參與政府預算編製和協商過程的預算民主。」

　　有論者把中國大陸各級人民代表大會（人大）審查、修改、批准預算以及預算的調整和執行監督列為參與式預算，這顯然是謬論。這些都是人大代表的履職行為，而不是公眾參與。上述定義是將參與式預算嚴格界定在公眾對政府預算編製過程中的直接

參與，而不是人大的預算審查與監督。

二、實施參與式預算的動力來源？

　　為什麼有些地方願意做參與式預算？沒有動力很多事情做不了，那麼做參與式預算有哪些動力呢？一是問題驅動：浙江省溫嶺市實施參與式預算的直接動因，就是為了解決當地鎮政府的財政赤字問題；所以問題驅動是比較有效的動力。二是價值驅動，就是追求些什麼：做參與式預算不僅是為了解決問題，同時也是追求某一種價值，這種價值就是預算民主。三是政績驅動：中國大陸有些地方啟動參與式預算可以歸結為政績驅動，樹立有作為的改革形象；此種政績比各省為了拉動 GDP 而批准汙染項目好得多，而且推行參與式預算有利於社會進步也有益於民眾。四是選票驅動：參與式預算的起源國巴西即是選票驅動；1988 年開始做參與式預算時，即是左翼政黨上台執政以後，為了下一輪選舉做準備以獲得更多選票，這就是選票驅動。不管是哪一種驅動，只要能夠做起來，就是好的。

三、參與式預算的社會性和政治性孰強？

　　對於參與式預算的社會性和政治性，學界有不同的看法。許多學者可能認為參與式預算的社會性更為主要，政治性最好脫離開。參與式預算的社會性是顯而易見的，而其政治性能否脫離呢？在有些地方是可能脫離的，譬如東歐、台灣等。但在多數國家和地區，參與式預算的政治性其實是難以脫離的。巴西最早

實施參與式預算，而其動機是爲了選舉，難道選舉不是政治問題嗎？在中國大陸實行參與式預算，政治性和社會性是合而不能分的，政治性可能更爲突出；爲什麼有些地方官員不願意做參與式預算，或許是因爲政治的敏感性把握不準，也或許是基於不同地方政府對預算權和其他行政權的權限、分權有不同的看法，這也是政治性。所以參與式預算是社會性、政治性的綜合。

四、參與式預算在追求什麼？

預算民主是一種價值追求，無論是參與式預算、公共財政改革還是人大的預決算審查監督，這些體現的價值指向都是預算民主。十年前，預算民主還是新詞，如今人們不僅熟知且已成共識。另外，參與式預算也要追求預算編列和執行的有效性、合理性和平等性：有效且合理是參與式預算的內在需求，是實施參與式預算的目的，平等性則是一種價值追求，這三性應該融合在參與式預算整個過程之中，都是應有的追求目標。

五、制度環境、社會環境和參與能力孰重？

對參與式預算而言，制度環境、社會環境和社會公眾的參與能力哪一種更重要？其實這三個因素都很重要，但是，若必須將它們分出孰輕孰重、權衡出重要的程度，那就要具體分析了。在已經建立了憲政民主制度框架的國家和地區，很顯然地，制度和社會環境更爲重要；而在憲政民主制度尚未建立或者不夠完善的國家和地區，則人的參與能力更爲重要。從問題的另一面來看，

我們需要看到，促進社會進步的諸多元素不是孤立存在的，它們之間是可互動的，也就是說，參與式預算的推行能夠反過來催生、促進、推動和完善憲政民主制度。

六、參與式預算是否應當有法律依據和規範？

　　這個問題其實很糾結，某一領域的革新或者推行某一項工作都需要於法有據，參與式預算也不例外。但是，在中國大陸參與式預算能夠立法嗎？現在已經具備讓參與式預算立法的條件嗎？其實，現在中國大陸社會各界對參與式預算本身，以及是否有必要推行參與式預算，尚有不同的認識，甚至可能還不知參與式預算為何物，在這種情況下，讓參與式預算立法很不現實。從浙江省溫嶺市 2005 年探索實施參與式預算的時間算起，參與式預算在中國大陸僅僅十年的時間，而且正在積極探索的地方有限，如果真的要立法，那需要多少個案例才能給它提供一個立法參照呢？況且，目前全球內只有祕魯對參與式預算立法，巴西作為全球最早做參與式預算的國家也沒有立法。

　　所以，我們不妨從另一個視角來看待立法的問題。就目前情況而言，參與式預算在中國大陸進一步探索的空間還很大；參與式預算的理論和實踐模式還未定型，如果過早立法，將會框定參與式預算的探索和發展空間，這對於參與式預算的進一步發展是不利的。目前，中國大陸法律體系中，與財政預算有關的法律規範主要有《憲法》、《全國和地方各級人民代表大會組織法》、《預算法》、《政府資訊公開條例》、《監督法》等，當然最直接相

關的就是《預算法》，未來如果時機成熟，這些法律法規都可以成為參與式預算的法律依據和法律規範，但現在這個時機還沒有到。

七、參與式預算與人大預算權有何不同？

全國和地方各級人大的預算權來源於憲法，參與式預算只能是對人大預算審查、批准和監督權的一種補充，而不是取代或替代。

八、協商的內容應是預算編製，還是專案選擇？

公眾參與預算協商的內容是什麼呢？是全部預算支出的編製？還是部分預算支出專案的提出或者選擇？

參與式預算的首創者巴西的阿雷格里港市，當地市民參加約占全市預算總額 30% 的預算支出專案之提出和選擇。巴西成功試驗之後，參與式預算逐漸風靡全球，無論是歐洲和南美諸國，還是美國、澳洲、加拿大、韓國、印度等等的參與式預算，無一例外地都做了部分預算專案支出的提出和選擇。中國大陸的無錫、哈爾濱、上海等地參與式預算的嘗試也是仿效巴西做預算專案，而中國大陸最早開始探索參與式預算的浙江溫嶺市，則是於 2005 年分別在新河鎮和澤國鎮同時開始實施公眾參與全額預算支出的編製和部分預算（約占澤國鎮年度預算總額的 25%）專案的選擇。

從溫嶺市和其他各地的參與式預算實踐情況來看，相對而言，公眾參與全額預算支出編製的難度比預算支出專案選擇要大

得多。參與全額預算編製要求公眾參與者瞭解當地的經濟社會發展情況，具備一定的預算和財務知識以及參與能力。譬如，政府預算方案中教育經費安排了 3,600 萬元，如果參與者不瞭解當地中小學校的布局、校舍和教學設施、教師的數量和配備、在校生的數量和生源等情況，那麼他如何判斷這 3,600 萬元的教育開支是開多了，還是開少了？如果參與者連預算測算表都看不明白，那麼他如何參與預算協商呢？這樣的參與只會是無效參與，甚至成為參與者中的沉默者。溫嶺市新河鎮做的是全額預算編製，而其實該鎮一般參與者的實際關注點還是在於民生項目和公共設施建設中的具體項目，這樣豈不又回到了預算專案選擇？選擇預算支出專案的參與，相對地要容易得多，因為選擇預算專案比較直觀，譬如，選擇修公路還是建公園，先修哪條路、後修哪條路，這些是一般參與者容易做出判斷的。所以，全額預算支出編製的參與式預算適合於菁英參與，而預算支出專案選擇的參與式預算則更適合於大眾參與。

九、實施參與式預算在何層級為宜？

實施參與式預算最適宜的行政層級是縣（市）、鄉（鎮）兩級，因為縣、鄉兩級滿足參與式預算實施的兩個基本條件，即相對穩定且可支配和使用的財政收入以及預算專案與當地社會公眾利益的直接關聯性。當然，適合做參與式預算的單位還有社區和社會組織：社會組織不僅是政府參與式預算的參加者，也可以是參與式預算的組織者和實施者。但是，縣、鄉兩級政府推行參與

式預算實際效果更大，對促進社會進步的意義也更大。

縣級以上的省、市財政，並不適合做參與式預算，因為省、市兩級財政預算的複雜性和專業性更高，增加了參與的難度；與一般民眾的直接關聯度趨弱，降低了公眾的參與願望；省、市行政區域廣闊，路途較遠，提高了參與成本，基層公眾也不方便參與。對於省、市兩級政府來說，加強人大預決算審查監督可能更為重要，意義更大。

十、公眾的參與方式為何？

參與式預算過程中，社會公眾的參與方式主要有五種：

（一）自願參與

體現機會均等原則，自發自願的參與最為有效，然其缺陷是參與的廣泛性不足。溫嶺市參與式預算一直運用這種方式。美國哥倫比亞大學喬·沙托利教授在《民主新論》（Sartori, 1987）中論及參與式民主時堅定地認為：「參與的含義是親自參與，是自發自願的參與」，沙托利教授對參與定義的理論判斷與溫嶺民主懇談和參與式預算的實踐經驗是一致的。

（二）邀請利益相關者

參與式預算的邀請參與對象除了利益相關者外，還有績效相關者、程序相關者和專業相關者，而利益相關者無疑是最重要的邀請對象。

（三）抽籤

抽籤制的本質是概率平等，溫嶺市澤國鎮自 2005 年以來一直沿用隨機抽籤產生參與者的方式，而我們發現這個方法較適合於專案預算。由於基層社會公眾的素質和參與能力有較大差異，抽籤方式存在著明顯參與有效性不足的問題，參與者參與整個預算支出安排的協商和討論，顯然是不合適的。

（四）推選

推選參與者的方式具有較強的代表性，也能夠保障預算參與的有效性，但就參與式民主的價值維度考量，其缺陷也是顯而易見的，那就是參與者的「被參與」。推選預算參與者的方法目前在很多地方運用，譬如：巴西、哥倫比亞、美國的紐約和芝加哥等。

（五）組織化參與

與個體性參與相對而言是一種很重要的參與方式，但在中國大陸目前很少有地方運用，主要是受限於有較強參與意識和參與能力的自主性社會組織發育不良。

總而言之，參與方式應該是愈多愈好、愈豐富愈好，何不各種參與方式綜合運用，共同促進參與式預算？

十一、民意如何表達和運用？

民意的表達有多種方式，譬如：發言、對話、辯論、調查問卷和表決等等；有學者歸納出 50 餘種民意表達方式。基於各自

的民情和傳統方式，每個國家和地區都有自己習慣和特有的表達
方式；歐美與亞洲大陸不同，中國大陸的南北也有差異。民意表
達方式的多樣性對於實施參與式預算是十分有益的，而任何一種
表達方式其目的都指向參與者訴求的充分表達。

　　儘管表達方式可以多樣，而民意的運用只有兩種方式，一是
決定，另一是諮詢。很多學者傾向於希望預算的參與者擁有決定
權。有一位學者曾經對直接民主作出這樣的表述，他說公眾參與
不一定是直接民主，公眾參與過程中的最後結果能夠作出決定的
才是直接民主。這種對於公眾參與和直接民主關係的認知，顯然
是受到古希臘公民大會直接民主制的影響，但是在代議制民主早
已被各現代國家普遍採用的當代，公眾參與直接決定公共事務的
機會和決定範圍十分有限，而各國議會一般擁有公共事務廣泛的
決定權。中國大陸憲法將預決算的審查、批准和監督權授予了全
國和地方各級人大，因此，在參與式預算的過程中，公眾參與者
對財政預算編製的意見和建議所能夠起到的作用主要是諮詢而不
是決定，民意決定預算或者預算的部分專案，必須經人大授權，
而且一定是在整個預算中占比甚少的部分預算。

　　在參與式預算過程中，民意的運用是決定還是諮詢？抑或決
定與諮詢並存？就當下而言，諮詢是一般，決定是個案。我們希
望民眾在公共事務領域擁有更大更廣泛的決定權，但僅僅只是希
望，現制並非如此。

十二、專業性與民意性如何平衡？

預算屬於比較專業的領域，但並非專業到民眾無法參與。在參與式預算的全過程中，專業性和民意性始終相伴，共同影響政府對預算支出專案安排的判斷。專業人士的見解不一定代表民意，而民意也並非一定不專業；專業人士的見解可能會影響參與者的判斷和偏好的轉移或堅持，而民意也會影響專業人士的判斷。

（一）專業性和民意性可以互相轉化

2014 年度溫嶺市新河鎮的參與式預算，有參與者要求增加消防經費。這在尚未細緻的調研之前，是一個沒有專業背景的普通民意，毫無專業性可言；但在參加預算協商之前，參與者走訪了一些遭受過火災的居民、走訪了消防隊，甚至從互聯網上瞭解了各種消防車的性能和價格之後，提出了「增加消防經費 50 萬元」的建議，在發言中邏輯周密、依據明確且理由充分，此時民意就具備了專業性，這就是民意性與專業性的相互轉化。

（二）專業性和民意性可以相互配合

溫嶺市澤國鎮的參與式預算，我們提供給參與者三十個城鎮公共設施項目選擇的資料，每個專案都有專業人士撰寫通俗簡明的可行性分析，在預算協商中，專業人士隨時介入討論，回應、解釋參與者的提問，這就是專業性和民意性的互動配合。

（三）專業性和民意性的融合

專業性和民意性的融合是指多數參與者對預算安排的分析、

判斷以及提出的建議或訴求兼具民意性和專業性，這是參與式預算的理想狀態，目前只是一個目標，今後還需相當努力才能達到這個目標。

十三、參與式預算應當追求「共識」？

參與式預算有無共識？沒有達成共識是否意味著參與式預算失敗？這個問題需要具體而細緻的分析。

參與式預算屬於協商民主制的範疇，協商民主遵從共識原則，那麼共識原則也同樣適用於參與式預算過程中的協商嗎？共識與參與式預算的成敗有著怎樣的關係呢？我們必須先分析這個共識是預算的單項共識還是整體共識。預算編製是由多個預算支出專案組成的，基層政府的預算專案有一千多項，要想全部達成共識是不可能的，因此，如果這一千多個預算專案沒有全部達成共識，於是判定參與式預算失敗，這樣的判斷顯然是不符合實際的。

我們所指的參與式預算中的共識追求，並不是指整體預算的共識，而是對單項預算共識的追求，也就是參與者對部分有意見分歧的預算支出專案經過審慎討論，在對話、博弈、偏好的轉移以及包容和妥協的過程中達成與會者的共識。如果有一個或數個預算專案沒有形成共識，也不能就此認定參與式預算失敗，因為雖然這幾個項目沒有共識，而另外幾個項目可能已經達成了共識。如果所有的預算專案都沒有達成共識呢？這種情況出現的可能性甚少，要是真的出現這種情況，我們仍不能認定參與式預算

失敗，因為雖然沒有共識，參與者提出的諸多意見和建議能夠給政府決策者啟發、諮詢和參考。參與式預算的失敗，應該是所有的參與者沒有提出任何對預算編製有價值的訴求、選擇和判斷，或者極而言之，所有參與者都是沉默者。

十四、公民和公民社會的培育與參與式預算有何關係？

參與式預算與公民和公民社會的培育是一個雙向互動的過程。參與式預算需要以公民意識、社會組織和公民社會為基礎，因此一個健全、完善和發達的公民社會對於參與式預算的理性和有效開展具有十分重要的意義。同樣地，推行參與式預算，公民和公民組織在參與式預算的過程中也有利於公民意識的培育和公民素質的提高，有利於公民組織的發展，促進公民社會的發育和健全。

十五、參與式預算如何推廣？

參與式預算的全面推廣有其難度，要推廣也只能是有限推廣，因為推廣參與式預算需要相應的條件、動力和時機各地不同，而且還需要推廣的策略和技巧。

推行參與式預算，能夠使公共資源配置容納和體現社會大眾的正當意願，加強對政府預算編製和執行的監督，提高預算資金使用效率，促進公共利益的最大化。參與式預算的價值和效用是毋庸置疑的，由此而論，所有的鄉鎮和縣市都應該推行參與式預算。但是，各地的經濟社會發展水準和財政狀況差別很大，尤其

是基層鄉鎮政府的財政收入僅能維持政府的正常運轉和基本公共服務支出，少量的建設項目以及必須的專項補助、福利依賴上級撥款和財政轉移支付。在這些地方，參與式預算只能是奢侈品和裝飾品，不會取得實質性效果，亦不存在推行的意義。那麼，財政收入狀況良好且具有公共預算能力的地方，是否都能夠做參與式預算呢？這也未必。

推行參與式預算需要多個因素的支撐。實施參與式預算既受制於社會公眾對公共預算的認知，受制於公眾對公共事務的關切度和社會責任意識，以及公眾的參與意識和參與能力，更受制於政府官員對預算民主的認知和接受程度。參與式預算這種制度客觀上構成了對政府官員配置公共資源權力和行政行為的制約，而任何公權力往往是天然地排斥制約和監督的。毋庸諱言，推行參與式預算有一定的阻力，因此需要當地政府官員對預算民主理念的自覺，也需要外在先覺力量的推動。在中國大陸，國家相關法律並沒有對參與式預算作出規定，參與式預算缺乏制度的法律剛性，基層政府沒有必須實施參與式預算的法定義務，他們可以選擇做或者不做，所以，參與式最好是漸進地、有選擇地在具備條件的地方，或者為解決當地某些問題需開展參與式預算的地方推行，不必奢求立刻全面推廣。

以上是歸納出與中國大陸實施參與式預算相關的十五個關鍵問題，以及所給予的答案。從以上的內容可以看出，當預算的編列或預算專案優先順序的選擇，是用參與式預算的方法進行，就可以被視為是一種協商式民主的實現。故而「協商式民意調查」

可以看成是參與式預算的一種，也可以看成是協商式民主的一種。鑑於中國大陸各地情況不同，甚至同一縣（市）內不同鄉鎮也有所不同，協商式民主或參與式預算在各地會有不同的展現方式，是可以被預期的。鑑於本書主旨在介紹協商式民意調查，以下我們將對實施此制的溫嶺市澤國鎮，做較詳細的描述。

第 2 節　溫嶺市澤國鎮實施協商式民調的起源

一、民主懇談的起源

　　預算的審查，如前一節所述，本應為立法機關的職責，世界大多數國家走的都是這樣的路。也就是說，政府在編製完預算後，要將預算提交給議會，進行審查，最後投票決定。那在此過程中，如何讓民意直接介入呢？具有民主意識的改革，最早是在浙江省溫嶺市，那為什麼在這裡出現這樣的民主改革？浙江經驗怎麼進行？以下我們就分別介紹。

　　溫嶺是浙江省東部靠海的一個縣級市，因為「民主懇談」而名聲大噪，備受學術界和媒體界的關注。「民主懇談會」這個觀念之所以引起關注，在於其中蘊含了某種「協商」（deliberative）和公眾直接「參與」（participatory）的成分，而「協商式民主」（deliberative democracy）和「參與式民主」（participatory democracy）等流行於政治學界的理論語詞，恰可提供所謂「具有中國特色」民主的案例，這使得中國大陸官方開始重視「協商民

主」這個概念，而且不僅從一般論述昇華至「理論層次」，更邁入了「操作性理論」的階段。

溫嶺的「民主懇談」活動始於 1999 年，是當時中共浙江省省委書記張德江為了開展農業和農村現代化教育，而推動的一項創新措施。2001 年至 2005 年時，中共溫嶺市委書記王金生，在觀念上支持民主懇談的制度創新，經常督促該市市委宣傳部人員定期下鄉鎮去調查，他自己則親自聽取彙報。繼任者陳偉義書記也對參與式公共預算的制度創新給予了支持；民主懇談會通常由鄉鎮、村或鄉鎮部門的黨組織主持，由自願報名來參加的公眾或相關的代表參與。當時為響應此一活動，市委宣傳部科長陳奕敏設計出參與民眾在台下面提問，黨政官員在台上面回答的「幹群對話」民情懇談模式，來解決鄉鎮預算項目時所牽涉的民眾生活上實際問題。[4] 由於溫嶺各鄉鎮民情對話的形式五花八門，為了容易答覆記者的提問，宣傳部科長陳奕敏把各類民情懇談統一定性為「民主懇談」；基本而言，懇談主要有四種形式：一是鄉（鎮）、村、部門以及企業的民主懇談活動；二是鎮民主聽證會；三是村級民主議事制度；四是民情懇談活動。[5]

溫嶺市委在推動此工作的過程中，於 2001 年 6 月 12 日頒布了《關於進一步深化民主懇談活動加強思想政治工作推進基層民主政治建設的意見》（中共溫嶺市委，2001）的關鍵文件。此文書規定舉行懇談，要依照法辦事的原則，按照《鄉鎮人民代表大會主席團組織條例》等有關規定辦事，同時要「妥善處理民主懇談與鄉鎮人民代表大會之間關係」。所以民主懇談不但成為了官

方的正式政策，也和人大體制掛上了線，具有重大意義。

　　一年以後，中共溫嶺市委於 2002 年 10 月 9 日又頒布了《關於進一步深化民主懇談推進基層民主建設的意見》（中共溫嶺市委，2002），提出鄉鎮民主懇談議題既可以由黨委、政府推動，也可由若干民鎮人民代表或若干名群眾聯名提出，由鎮人代在主席團審核是否實施，而其實施的決定和實施的結果由鎮（街道）人大負責監督。

　　誠如郎友興（2008）指出，2002 年 8 月，溫嶺市委舉辦了理論研討會，邀請來自北京大學、人民大學、浙江大學的學者參加。這些學者做了現場觀察和深入思考後，認為這是「原創性的新型基層民主形式，對中國大陸的基層民主政治建設具有普遍的示範和借鑑意義。」自此，大家開始從民主治理的角度來分析其意義，而且民主懇談會得到官方與學術界的關注，並於 2004 年獲得了官方一個重要學術機構的肯定，也就是中共中央編譯局所舉辦第二屆（2003 ～ 2004 年）「中國地方政府創新獎」，被賦予了中國大陸基層公共預算改革與直接民主實現的重大突破意義。

二、協商式民調的運作程序

　　協商式民調是民主懇談也是協商式民主的一種。其基本假設是協商的過程可能會影響個人的態度與意見，因此要檢驗參加討論的人對相關問題的態度是否有所改變。為了達到預期的目標，有著嚴格的運作程序。協商式民調由主辦者在調查母體中先隨機抽選出具有代表性的樣本進行問卷調查，再向受訪者提供相關的

資訊材料，邀請他們針對選定的議題參與小組討論，之後安排受訪者與專家學者、政府官員、民意代表等進行大會交流，會後再透過問卷調查瞭解參與者的意見。具體包括以下階段：

（一）選擇議題

一般而言，所選擇的議題應當是民眾普遍關注的議題，以引起民眾參與的興趣。

（二）成立組織機構

議題確定後，需要成立機構來組織民調，通常由民調機構、政府部門和媒體共同組成一個委員會。民調機構負責問卷設計、抽取樣本、實施民調和組織協商等；媒體負責活動的轉播、宣傳等。調查主辦機構可以是大學、研究機構及調查諮詢公司等，機構的運作應當保持中立，以確保協商式民調的公信力。

（三）隨機抽樣與第一次民調

隨機抽取樣本，採用面訪或電訪的方式進行第一次民意調查，作為協商後第二次民調的參照。隨機抽樣為調查母體中的成員提供了平等參與之機會，擴大了政治參與面，體現了協商的平等性，促進了民意代表產生的公正性。

（四）協商前提供資訊材料

第一次民調完成後，邀請受訪者參加對話和協商，主辦方提供全面的、代表不同立場的平衡材料，在會議前分發給參與討論者，使公眾掌握關於該政策足夠的背景知識，從而保證討論的品質。

（五）小組討論和大會交流

在大會上，參與者被隨機分為約 15 人的小組，就主辦單位所分發的資料各自進行討論，形成論點或問題。然後回到大會，由專家回答這些問題，並與參與者一起討論。然後再進行第二次分組討論，以及第二次大會發言討論。

（六）第二次民調

在協商程序結束後，參與者第二次填具問卷；這份問卷的結果，代表了經過協商程序的公民，所表達的意見。

三、2005 年澤國鎮的協商式民調

（一）緣起

2004 年 8 月，溫嶺市澤國鎮負責民主懇談工作的蔣招華書記及時任溫嶺市宣傳部科長陳奕敏在杭州參加了浙江大學「協商民主」學術研討會。在這次會議上，他們透過余遜達教授的介紹，認識了美國史丹福大學費什金教授及他所倡導的協商式民意調查。他們認為此方法可以應用到澤國鎮，於是邀請費什金教授於 2005 年來指導如何用協商式民調的方法，來進行地方建設預算使用的民主懇談。費什金教授與其指導學生，也就是澳洲 Deakin 大學的何包鋼教授，兩次連袂前往溫嶺市，親自主持問卷的設計。這就是澤國鎮引進協商式民調的緣起。

（二）制度特色：隨機抽樣的乒乓球搖號[6]

2005 年民主懇談會邀請了 12 名專家與鎮黨委、鎮政府組成

工作小組，成員包含溫嶺市宣傳部部長戴康年、溫嶺市委宣傳部科長陳奕敏、澤國鎮黨委書記蔣招華、副書記王小孫，而由費什金教授協助設計問卷。隨機抽樣方式是以 1,000 人口以上的村（居）每村抽出 4 戶，1,000 人口以下的村（居）每村抽出 2 戶的原則，以乒乓球搖號方式，抽選出 275 家戶；接著每戶需在戶內隨機抽出一位成員參與民調。[7]

　　鎮政府把這次民主懇談要討論的 30 個地方建設項目，用專家所提供比較中立文字的介紹文件，在大會開始前 10 天發給所有被選中的居民代表。同時，也請所有居民代表就他們心目中這 30 個項目的優先次序，填寫了問卷，這就是所謂的「前測」。經過統計，共 269 人完成了最初的問卷。

　　2005 年 4 月 9 日，參與式預算民主懇談會議正式召開，有 259 名居民代表參加。為了提高公民代表的參與積極性，參與人獲得了 50 元人民幣的誤工補貼。這些代表經由隨機抽樣分成了 16 個小組，並展開分組討論。小組成員就這 30 個建設項目進行意見交流，然後選出發言代表，並就小組討論時成員最關注、討論最密集的三個問題，於隨後的大會中發言，並由專家在大會中答覆。到了下午，就上午會議所得到的答覆和所聽到的資訊，成員再進行一次分組討論，然後再派出一次代表，就小組的新建議或新問題，參加第二次大會，進行發言、答覆和討論。[8]整個進行程序，大致如圖 4-1 所示。

　　全部過程結束後，在參加會議的人員中，有 235 人完成了後測問卷。這個數目比參加者明顯減少，主要是因為有些原來填問

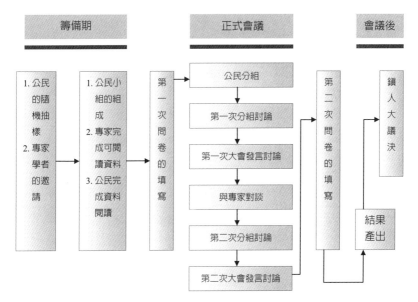

圖 4-1 澤國鎮的運作形態

來源：吳建忠（2011）整理

卷（前測）的人無法親自出席，請其家人或朋友代為參加；所有
這些非原來所選取的樣本，均未被列入分析範圍。

（三）實施成果

根據 Fishkin et al.（2010）的分析，大約有三分之二的參與
人是男性，平均年齡為 47.5 歲，而有 60% 以上的參與人是農民，
16.5% 的參與人是企業家；20% 參與人具有高中或以上教育程度。
這些比率和鎮民人口比率存有一些差距，主要原因就是戶內隨機
抽樣沒有嚴格執行。

不過，整個過程還是得到可觀的成果：

1. 協商式民調大會舉行後，鎮黨委和政府召開黨政聯席會議，討論懇談會上代表提出的意見和第二次問卷調查的結果，而決定將後測問卷中排名前 12 個項目定為該年預定實施項目。2005 年 4 月 30 日，澤國鎮第十四屆人大第五次會議上，代表們經過討論、表決，通過了這 12 個項目。所以，此次民主懇談的結果，獲得人大的充分支持與肯定。

2. 整個大會進行的流程完全依循費什金教授的設計，他自己也全程參與；雖然還是有很多民眾不明瞭為什麼要這麼做，但是參加懇談的公民代表表現出非常高的配合度。

3. 以性別（男性）、教育（高教育）和身分（企業主）所定義的「優勢」參與人，無證據顯示這些人在討論過程中，引導了其他人意見往他們所偏好方向移動；參與者意見也沒有出現持續性極端化（polarization）的情形。

4. 討論和意見形成的過程中，充分顯示出參與人注重公共利益；他們對廣泛惠及各社區的項目有更多的支持，而不是堅持偏愛單使自己村莊受益的項目。

5. 問卷中有四題是測驗參與人對澤國鎮基本知識背景（如人口和主要產品）的瞭解程度。分析顯示，參與人在協商會議之後，知識水準顯著上升。另外，意見的改變和資訊的取得有明顯的關聯：前測問卷中知識較豐富的參加人，不成比例地影響了整體意見的變化。

6. 協商過程造成參與居民代表的意見轉變。在 30 個項目中，參

與人對其中 12 個項目之態度產生了統計上的顯著變化。概要來說，對汙水和垃圾處理和主要幹道的道路建設這些會影響到日常生活的項目，表現出更多的偏好：在協商之後，所有三個汙水和垃圾處理項目的支持度都明顯上升。而同樣在道路方面，會穿越許多村莊嘉惠很多人民的文昌路主幹道支持度上升，但只讓特定村莊受益的道路則相反。在公園方面，用於休閒者的支持度上升，但對設計是用來提升城市形象、具有市鎮廣場性的文昌公園，則支持度明顯下降。

7. 調查的結果和官員們原來的預期有顯著出入。鎮黨委書記蔣招華原來沒有預期汙水和垃圾處理，以及其他環境、休閒相關的項目可以得到高分，也沒有預期到形象工程和地區性經貿道路設施會打低分。後測問卷讓十項環境、綠化和休閒遊憩類建設預算中有八項進入了前十，而十七項道路預算中只有一項（文昌主幹道）進入前十位。詳見表 4-1。

表 4-1

後測排名	項目名稱	前測平均分數	後測平均分數	差異之標準差	差異之 P 值
1	汙水處理前期工程	0.892	0.971	0.022	0.001
2	文昌路主幹道	0.825	0.924	0.023	0.000
3	城鄉環境建設	0.864	0.924	0.027	0.026
4	丹崖環境衛生中轉站	0.753	0.914	0.030	0.000
5	牧嶼環境衛生中轉站	0.729	0.886	0.032	0.000

（續）

後測排名	項目名稱	前測平均分數	後測平均分數	差異之標準差	差異之 P 值
6	市民公園一期（休閒用）	0.696	0.744	0.034	0.158
7	城區綠化工程	0.755	0.731	0.038	0.530
8	丹崖山公園（遊憩用）	0.761	0.723	0.037	0.305
9	橋梁	0.742	0.706	0.063	0.571
10	牧嶼山公園（遊憩用）	0.721	0.704	0.032	0.593
11	牧嶼、聯樹和水倉工業區配套	0.667	0.689	0.033	0.496
12	示範街建設	0.675	0.649	0.045	0.572
13	西城路一期	0.626	0.630	0.041	0.928
14	商城路一期	0.697	0.612	0.040	0.035
15	澤國大道二期	0.583	0.597	0.039	0.709
16	高家嶺邊坡治理	0.560	0.595	0.044	0.429
17	東河路填土拆建	0.714	0.583	0.044	0.003
18	老街區拆建	0.637	0.576	0.045	0.178
19	牧長路一期主幹道	0.688	0.554	0.054	0.015
20	東河路主要幹道	0.563	0.533	0.045	0.501
21	城區支路改造	0.568	0.520	0.043	0.268
22	東城路一期	0.543	0.510	0.045	0.458
23	空壓機工業區配套	0.563	0.506	0.047	0.226
24	復興路東段	0.578	0.505	0.042	0.084
25	文昌公園一期	0.593	0.505	0.044	0.046
26	騰橋路	0.502	0.473	0.045	0.519
27	商城路二期	0.600	0.466	0.045	0.004
28	東城路二期	0.561	0.459	0.042	0.018

（續）

後測排名	項目名稱	前測平均分數	後測平均分數	差異之標準差	差異之 P 值
29	澤國大道三期	0.467	0.459	0.047	0.872
30	文昌公園二期	0.518	0.350	0.045	0.000

註 1：原始問卷以 0（最低）到 10（最高）分為優先順序，本表轉換為 0（最低）到 1（最高）分。

註 2：表中 30 個項目共需資金 1 億 3,692 萬元，而鎮政府 2005 年度預計可用於城鎮基本建設的資金只有 4,000 萬元。最後所獲選後測前 12 個項目的總金額約人民幣 3,640 萬元，成為 2005 年城建基本項目，而總金額為人民幣 2,250 萬元的其次 10 個項目則作為備選。

來源：Fishkin et al.（2010）及其中文翻譯（https://www.hkupop.hku.hk/chinese/resources/workshops/20100319/resources/fishkin-bjps-china-translated_traditional_chi.pdf）。

8. 但正因為如此，官員們體認到協商式民調的積極功能——點出官員事前所不知道或沒有預期到的公眾偏好。例如：澤國鎮鎮長葉其全一開始對協商性民意調查的功能持保守看法，但是等他看到參與者對專案有更深理解，討論中展現出更廣闊的社區視角後，他的態度發生了變化。蔣招華說：「儘管我放棄了一些最終決定權，但是作為回報，我們獲得了更多的權力，因為這一過程增加了具有優先性之專案的正當性，同時為公共政策決策過程創造公眾透明度。公共政策因此變得更加容易實施。」

第 3 節　2005 年以後澤國鎮協商式民調的演變 [9]

一、2006 年的改進

　　2006 年澤國鎮的城鎮建設預選項目有七大類 38 個項目，包括城鄉規劃、道路橋梁、衛生環境建設等多個方面，所需資金人民幣 9,869 萬元，而鎮政府預算建設資金人民幣 5,000 萬元。其中，道路和橋梁類項目有 18 個，所需建設資金人民幣 5,792 萬元；綠化美化類項目有 6 個，所需建設資金人民幣 1,300 萬；城區規劃類項目有 4 個，所需建設資金人民幣 95 萬元；環衛建設項目有 4 個，所需建設資金人民幣 1,003 萬元；村莊示範整治類項目有 1 個，所需建設資金人民幣 160 萬元。澤國鎮政府仍想透過協商民主懇談這種形式，讓澤國鎮的公民代表都來討論每一個項目的優點和缺點、前景和困難。同時，也透過眾人的努力，提出更多、更好的項目選擇標準。

　　與 2005 年相比，2006 年的實施方式作了以下的改進：

（一）為了讓戶內隨機抽樣未認真執行的情況不再發生，公民代表是按人口而非按家戶來抽，按全鎮人口總數的 2% 比例，從 12 萬人口中隨機抽選出 237 名代表。

（二）從較有規模企業中，隨機抽出 12 名外地聘來的員工代表。

（三）由鎮人大主席團推薦了 5 名人大監督員，來共同與會。

（四）安排了 5% ～ 10% 的預備資金，用以支應預選項目之外，公民代表所關注新項目的出現。

（五）將 16 個小組公民代表隨機分為「理性組」和「常規組」，
　　　第 1 ～ 8 組為理性組，主持人和代表一起討論；第 9 ～ 16
　　　組為常規組，主持人不參與代表的討論。

　　其他的程序則如同 2005 年，經過兩次問卷調查，兩次小組
討論、大會交流之後，2006 年 3 月 20 日，澤國鎮政府按公民代
表後測問卷結果的優先次序，將總投資 5,003 萬元的 21 個項目擬
定為 2006 年的基本建設投資項目，將其後總投資為 1,000 萬元的
另外 7 個項目作為備選項目。隨後再提交鎮人代表會審議表決時，
獲得人大代表全票通過。

二、2008 年的改變

　　在 2008 年的預算民主中，最大的變革是，澤國鎮把全年共
2,485 億元的財政預算編製全部呈現給公民代表。這本財政預算
是鎮政府根據前兩年的財政支出情況，以及今年各辦、各管理區
和全鎮重點工程建設項目所需要資金的情況，進行初步編製，其
中分為一般公共事務、群眾團體事務、國防、公共安全、教育、
文體和傳媒、社會保障和就業、醫療衛生、城鄉社區事務、國有
土地使用權出讓金支出、農林水利事務、工商金融事務等 12 個
方面，全部交由公民代表進行討論。

　　此外，該年在浙江大學郎友興教授的協助下，也進行了方法
上的調整，其特色如下：

（一）隨機抽樣方法上的進步。從全鎮 12 萬人口中依據村民選
　　　舉名單，透過微軟 Excel 來隨機抽選 197 位公民代表。

（二）共邀請 93 位鎮人大代表旁聽，實際出席 63 位，這樣可讓人大代表有臨場感地瞭解公民意見。

（三）增加了公民辯論。如朱聖明（2013）所指出，在之前的大會討論中，是由大會主持人抽籤決定公民代表發言提問，然後由專家回答問提。2008 年在公民代表發言提問之後、專家回答之前，先由其他公民代表對提問的觀點進行評論或辯論，然後才進行專家答覆，這樣做的目的在於增加溝通和交流。

三、2009 年的變革

這一年主要的變革如下：

（一）公民代表沿用了 2008 年的樣本。如同朱聖明（2011）所說，沒有進行重新抽樣的理由在於：1. 節省時間與成本；2. 參加者具有經驗，以及 3. 有些預算是跨年度的，前一年曾經參與的公民代表，可以對此進行動態比較，還可以瞭解前一年預算的執行情況。

（二）將參與的重點集中在財政政策補助和建設項目預算上，而不是全部預算。2008 年將範圍由專案預算擴大到全部財政預算，實際上使得討論品質下降：範圍太大，容易失焦，而且預算中有一大部分是基本公務支出、公務員薪酬和辦公室經常性開支，非有不可，公民代表無置喙餘地。

（三）在公民會議後召開的人代會中，根據公民代表所提出之建議與意見，對預算作出最後的修正，其中重要的是：「1. 將用

於村（居）幹部培訓支出從 55 萬元增加到 75 萬元；2. 其他農村社會救濟從 29.6 萬元增加到 39.6 萬元，增加部分用於農村困難老人生活補助；3. 網絡偵測管理中的村級天網工程補助，從原來預算安排的 90 萬元增加到 120 萬元；4. 休閒場地從 43.06 萬元增加到 58.06 萬元，增加部分用於牧嶼山公園建設；5. 亮化設施中的路燈安裝從 150 萬元增加到 170 萬元，增加部分用於牧新路路燈安裝；6. 道路、橋梁建設中的聯樹工業配套道路，從 30 萬元增加到 50 萬元，增加部分用於下張工業區道路建設。」（見朱聖明，2011）

四、隨機抽樣的調整：2010 ～迄今

2013 年 2 月 22 日，在澤國鎮第十六屆人民代表大會第三次會議上通過了《澤國鎮預算審查監督試行辦法》、《澤國鎮參與式預算民主懇談工作規程》、《澤國鎮專案智庫運作規程》，使懇談、參與、審查、監督和程序更加制度化、規範化。

在《澤國鎮參與式預算民主懇談工作規程》中明確指出：澤國鎮參與式預算民主懇談是指人代會召開之前，選民代表、人大代表等相關人員針對鎮政府的預算草案，透過各種形式深入參與和監督鎮政府公共財政預算，為一種充分反映社情民意的活動形式。其主要類型有三種：選民協商懇談、專題民主懇談、代表工作站徵詢懇談。

2010 年澤國鎮曾經為了平衡區域發展，編列 300 萬用於貧瘠地區的公共建設，該次不是從一般民眾抽樣，而是從既有村民代

表中隨機抽樣。此外，爲了在預算討論過程中納入菁英（專家學者、意見領袖和企業領袖等）意見，各地區辦公室就當地菁英建立資料庫。

2012 年開始把公民、菁英和人大代表三股力量結合在一起，進行參與式預算。公民代表抽樣自十八歲以上的全部居民，菁英代表則從事先備好的的資料庫中，以分層隨機抽樣方式產生。

2013 年的改變，是參與協商的有部分是新樣本，部分是舊樣本。公民代表新樣本共 70 名，按戶籍隨機抽取，剩下 30 名則從上一年公民代表中隨機抽樣而得；另外，再從菁英資料庫中抽取 100 名各界代表，一起開會討論。

第 4 節　結語

近年來中國大陸一些地方政府開始嘗試採用協商式民主，來輔助人大機制，做出地方建設優先順序的決策。各地做法不同，而依據陳奕敏（2015）的分類，大致可以區分成「行政部門主導型」與「立法部門主導型」；前者包含江蘇無錫市、黑龍江哈爾濱市、上海閔行區、河南焦作市、廣東佛山市順德區等；後者包含浙江溫嶺市澤國鎮和新河鎮等。而溫嶺市澤國鎮的模式又和新河鎮不同，其差異如表 4-2 所示：最重要的差別在於澤國鎮的公民參與者來自隨機抽樣，新河鎮來自自願報名參加的民眾；澤國鎮在絕大多數的年份只處理部分地方基礎建設的部分項目預算，新河鎮則包含所有預算。此外，澤國鎮由鎮政府主辦，而新河鎮

由人大主辦。

表 4-2　澤國鎮與新河鎮鎮民主懇談會的比較

	澤國鎮	新河鎮
動機	公共預算的有效性分配	如何將體制外的民主懇談會與體制內接軌
活動主體	政府	人大（財經小組）
參與者的挑選	隨機抽樣	自願參加
訊息的公開	有	有
參與範圍	預算中的公共基層建設項目（2008 年除外）	所有預算
參與的形式	發言及填寫問卷	發言
參與對象	隨機抽樣公民代表	自願參加
公民代表發言重要性	高	高
專家的作用	有	有
主要參與的專家	何包鋼	李凡

資料來源：吳建忠（2011）

　　由於本書著重於協商式民調，故本章主要介紹了澤國鎮的模式。

　　我們從澤國鎮的模式可以歸納出幾個結論：

一、2005 年費什金教授引進協商式民調的方法，到澤國鎮的參與式預算，是中國大陸地方公共決策機制的重要創新，也是對自由主義民主制度反思而來的民主改革方案，在中國大陸具

體實施的重要案例，有其歷史上的意義。

二、早期澤國鎮的協商式民調進行過程，在費什金教授的親自指導下，抽樣方法和程序均甚爲嚴謹，而且以中國大陸的政治實況而言，又讓參與率極高。其過程包含隨機抽樣、發送基本資料、第一次民調（前測）、受訪者參加討論、兩次小組討論與大會交流、第二次民調（後測）。

三、協商式民調的預算審議，其結果超出原先領導團隊的預期。本來以爲公眾喜歡的項目，例如：市鎮廣場，其優先性在後測問卷中下降，原來以爲不是最重要的項目，包含汙水、垃圾、環境保護、休閒和遊憩公園等，卻成爲首選。這表示此協商過程，發揮了民意正確表達的效果。

本章可用前引溫嶺市黨書記蔣招華所說的話，作爲結語。他說協商式民調的實施，等同他放棄了一些最終決定權，但是他覺得他得到了更多。他得到了民意，得到了民心，得到了項目選擇的正當性，得到了公共決策的透明性，從而讓政策更容易實施。

相片 4-1　澤國鎮協商民主懇談（依片區）分組討論：2011 年初

來源：吳建忠

相片 4-2　澤國鎮協商民主懇談大會討論：2011 年初

來源：吳建忠

註 釋

1.　審議式民主在中國大陸稱為「協商民主」，而審議式民調在大陸稱為
　　「協商式民意調查」。本章是分析中國大陸情況，故 deliberative 均以
　　「協商」或「協商式」稱之。

2.　台北海洋科技大學通識中心助理教授。田野工作者必須與當地居民建
　　立互信基礎，更需消除當地政府、居民可能的疑懼，才能順利開展。
　　對於溫嶺民主懇談研究，作者從 2006 年起得益於溫嶺市相關單位的友
　　善協助，在每年至少一次的田野調查中，獲得相關助益。其重點如下：
　　一、觀摩會議召開的臨場感：每年溫嶺新河及澤國所召開的民主懇談
　　會，對方均事先提供時間規劃，讓作者可以安排行程參加；二、長期
　　的投入使作者對於溫嶺當地方言不需翻譯，即可聽懂公民代表在討論
　　的爭點；三、事後的訪談：不管是人大代表還是公民代表，均讓作者
　　在當地形成人脈關係網絡；四、特別要感謝世界與中國研究所所長李
　　凡教授、溫嶺市委宣傳部民主懇談辦公室陳奕敏主任、溫嶺市人大主
　　任張學明、澳洲何包鋼教授及本人博士指導教授徐斯儉，介紹相關學
　　界觀點及提供本身觀點。惟本文有任何文責，仍由本人自負。

3.　本節是由作者擬具初稿，由陳奕敏先生補充與修改而成；陳先生並同
　　意刊出。陳先生是中共溫嶺市委民主懇談工作辦公室主任，溫嶺市社
　　會科學界聯合會副主席，溫嶺民主懇談和參與式預算的主要創立者、
　　推動者和制度設計者。2008 年 12 月，入選人民日報社《環球人物》
　　雜誌組織評選的「中國改革開放 30 年人物辭典」；2009 年 11 月，獲
　　得中國農村發展論壇、《南方農村報》組織評選的「全國十大農村治
　　理創新人物」稱號，2013 年 1 月，被「共識網」等單位評選為「2012
　　年度（首屆）共識人物」，2014 年 11 月，獲得第十屆中國農村發展

論壇組織評選的「十大中國三農行動者」稱號。曾受邀在國家行政學院、復旦大學、華東政法大學、西安交通大學等作講座。

4. 作者於 2008 年 6 月期間前往上海復旦大學進行訪談，訪談對象包括世界與中國研究所所長李凡教授、溫嶺市委宣傳部理論科長陳奕敏、溫嶺市人大主任張學明、松門鎮鎮長金瑞環、澤國鎮黨委書記趙敏、新河鎮鎮長郭海靈、濱海鎮黨委書記戴美忠（時任新河鎮鎮長），對於溫嶺市的民主懇談運作情況有更深的認識。

5. 參見詳曲兆祥與吳建忠（2010）、蔣華春（2010）與林應榮（2010）。

6. 作者本人未實際參與進行抽樣過程及分析，本表資料來源於 2008 年訪談陳奕敏提供，當年資料分析是費什金教授操作設計，並透過何包鋼教授翻譯解釋，經過當地宣傳部、鎮政府、市人大進行商議。原始問卷據陳奕敏表示，因當年有非常多國際媒體前來採訪，與事後前來採訪記者商借後未返還，導致資料遺失，對於溫嶺市保存澤國模式與新河模式的歷史檔案資料保存非常不理想，這個可能是沒想到這個案例會受到國際及中國大陸的高度重視有關，非常可惜。

7. 理論上應當如此，但實際上各戶在選取參與人時，有時會自行裁量。

8. 見苟燕楠、王逸帥，2009。

9. 參見李凡（2016）與 He, Baogang（2011，2014a，2014b）。

第五章

審議式民主的應用和未來

朱雲鵬

第1節　大團體如何開「榮團會」讓下情可以上達？

　　早期台灣服過兵役的人大概都記得，在基本訓練快結束之前，營裡頭會開一個「榮譽團結大會」，簡稱「榮團會」；會議的基本目的是要蒐集一般士兵對於整個訓練過程的意見。由於有些士兵會在這個會上「放砲」，所以這樣的會議有時私下被稱爲「放砲大會」。放砲也好、榮譽團結也好，有這個會比沒有這個會好。在這個會上，長官有機會坐下聽聽低階士兵或學生的意見，而不是單方向的訓話。

　　對任何團體，類似的意見蒐集機制不可缺。像營這樣 300～500 人的團體，所有成員可以坐下來共聚一堂；同樣地，小於一定人數的企業或民間團體也可以讓全體成員聚會，一起分享意

見。主管可以利用這個機會和一般同仁交心，一般同仁也可在此機會抒發自己的心情、展現自己的才能或甚至「放砲」。

那如果大於 300 ～ 500 人怎麼辦？我們在第一章中引述柏拉圖的「理想國」，是從城邦的角度來探討最佳治理模式，而他心目中的城邦大小，是 5,040 人。5,040 人如何一起集會、討論？不可能。如果真的 5,040 人集會，幾乎一定會淪為少數人的演說大會。如果這種規模大企業的所有員工同時與會，多半會是主管或公司邀來貴賓的演說。在政治場域，這樣的大規模集會不會有理性的討論，也不能反應一般成員的意見，通常會變成政治人物口沫橫飛，挑動參加者情緒的造勢或甚至民粹啟動大會。

審議式民主的寶貴之處，在於它保留了小團體理性、深入討論的本質，但去除了大團體聚會的單向性。費什金（James Fishkin）教授的抽樣審議，基本上就是用隨機抽樣的方法，把一個無法全體有效集會的大團體，變成一個可以有效集會、小組討論、權衡輕重、深入瞭解議題的小團體。依據統計科學的原理，小團體的結果可以準確反應大團體的意見。

對於企業界，這是一個可以被考慮的模式。一般大企業，如果要就某議題蒐集全公司的意見，多半是把各地的主管找來。例如：銀行要瞭解一個新政策是否可行，就把全國的兩百多位分行經理找來一起開會討論。但這會有盲點，分行經理的想法、動機和利益不一定和其下的襄理、科長或一般行員一致；所以分行經理會議的結果，真正實行起來，有時還是會在業務的第一線發生問題。

　　金融界如此，其他服務業例如連鎖商店，製造業例如大型工廠，又何嘗不是如此？

　　所以，中大型企業要有效蒐集第一線的意見，可以考慮採行本書所推介審議式民調模式。也就是從小職員到小主管，都經過隨機抽樣，而有代表前來開會、討論。開會時應當有大會、分組會議、專家說明、與會者對話與問卷調查，這樣才能真正蒐集到經過審慎思辯的代表性成員意見。

　　在台灣，我們曾經在某個服務業的中大型企業辦過類似的活動。那次活動的目的，在於訂出全公司下一年度的努力方向和目標。當時舉辦了兩個梯次，一個梯次來參加的成員，除了各地營業單位的主管外，還有從各單位的非主管同仁，經由隨機抽樣而產生的代表；另一個梯次，則由各單位非主管同仁選出（非主管）與會代表，來參加會議。

　　會議的過程類似本書第二章「十二年國教北北基家長論壇」、第三章「能源政策工作坊」以及第四章大陸浙省溫嶺市澤國鎮「協商民主預算會議」，先由主辦單位發出初擬的資料，經過撰寫者的解釋，然後與會成員被分到 10～15 人的小組。為了擔心成員受其主管影響，單位主管被集中分組，其他組別中無主管參加。小組中每人均需發言，討論初擬資料內容的可行性和周全性；然後小組整理出問題，由小組成員選出的代表在隨後的大會中，向初擬文件的撰寫單位提出這些問題，並由後者當場答覆。如此一輪後，再進行第二次的小組討論，提出第二輪的問題，最後，再度舉行大會，就這些問題進行答覆和討論。

根據這樣的過程，最後修正而得到的年度工作重點和目標，當然會比純由各地單位主管來出席的會議，更具可行性與正當性。對於整個過程的詳細描述，可參見 Chu（2015）。

這才是好的「榮團會」。這樣的會議，下情可以上達，會得出有意義的結論，而且透過會議討論內容的傳播，可以讓全體成員感受到士氣的提升。

第 2 節　以審議式的民意破解民粹

在第一章我們曾經引用巴丹（Pranab K. Bardhan）對印度的描述，指出盲目民粹政治的元素。在台灣，不但有盲目民粹，還有其變形，就是少數人士打著某某團體的名號，聲稱代表這一社會階層的成員，到處煽風點火。媒體不可能直接接觸到廣大的成員，只能報導這些人士的言論，於是似是而非的言論占據了媒體主要版面，可以說「沉默大眾的意見」被強暴了。

在討論十二年國教公立優質高中入學方案時，就曾經發生這樣的情況。部分人士扛著家長團體代表的名號，支持簡化基本學力測驗的得分級距到只有三級，也支持如果其他標準如社會服務等得出同樣等級，就用抽籤決定哪些國中畢業生可以進入列為優先志願的公立高中。

在本書第二章，我們詳細描述了「十二年國教北北基家長論壇」，以隨機抽樣審議式民主的方式，直接請北北基國中家長表示意見（「前測問卷」），然後邀請願意出席的家長聚集開會一

整天（「家長論壇」）。會議中，他們經過專家解釋當時入學方案的重點和爭議點、與會家長分組討論、在大會中處理各分組所提出問題、第二輪分組討論、第二輪大會、填寫後測問卷等程序，完成審議。

結果顯示，當免試入學超額比序條件所有順次均同分時，贊成同分學生以增加會考成績等級來決定入學資格的家長比例，從集會前的七成三，增加到會後的九成。不贊成抽籤的比例，則從會前的七成五增加到會後的七成九。當這些結果出來以後，那些自稱代表所有家長意見的人士，只能消音了。

這就是真實民意擊敗被扭曲民意的例子。我們讓「沉默的多數」，透過審議式民主的方式，發出他們的聲音。

第 3 節　以審議式民主處理棘手政策議題或蒐集民眾真實意見

台灣的社會常常出現很棘手、爭議很大，而相關團體對抗性又很強的議題。針對這樣的議題，為了讓立場能夠得到重視，運動團體通常會動員群眾、遊行示威、肢體抗爭、表演節目和博取新聞版面。使用手段通常會愈趨激烈，往民粹以及撕裂社會的方向發展。

在這種情況下，可以考慮以審議式民主發展出理性討論的空間。本書第三章所描述的「能源政策論壇」就是這樣的設計——該論壇包含是否應當使用核能發電這種棘手的議題。透過隨機抽

樣方式，我們舉行前測問卷，並邀到了約百位民眾參與一整天的論壇，以視訊會議的方式，在北中南同步舉行。

在論壇的過程中，沒有遊行、抗爭、喊話或表演。來的人就是一般老百姓，不是運動團體成員，也不是政治人物，沒有表演給媒體看的動機和必要性。他們來自各階層，有工人、業主、老師、公司職員、家庭主婦、學生……等等，有的反核立場十分堅定，也在小組討論過程中踴躍發言，但基本上所有的討論都是理性的和知性的。其中有一位出席的反核公民事後告訴我們，他原先以為這是政府舉辦，要來推動核能發電的公關會議，但參加到了中途，才確定這不是公關會議；他對整個討論和與專家對話的過程都覺得非常滿意。

理論上，這些理性和知性的討論過程，可以透過代議制度來進行。問題在於，當社會尖銳對立時，議會的議員或立法院的委員一方面受到運動團體的壓力，一方面要注意到支持者的感受，又要博取媒體版面，所以在議場的發言，基本上成為表演。大家都在表演，就不可能有知性和理性的討論，從而真正民主政治所不可或缺的審慎思辯過程就沒有了。

第 4 節　公共治理的試金石

審議式民主是一種新的公共治理模式，還有待時間和地點的考驗。我們希望從這個模式出發，或許可以在各地出現第一章所提到，類似美國「加州長期思慮委員會」（Think Long Committee for California）的團體。該委員會試圖對於被財政赤字、諸多公民投票議案和各種利益團體關說所癱瘓的州治理，提出可長可久的改進方案。

這個團體不只是要推動審議式民主，還希望改變加州政府結構，在既有的議會之外，另外設置一個由具聲望和專業的人士所組成，而非由選舉產生的委員會（Citizens Council for Government Accountability），其成員由州長及州議會兩黨領袖提名（見 Berggruen and Gardels, 2013a）。這個雖然沒有成功，但是該委員會所提出的其他方案，例如：改善公民投票透明度及協商彈性的法案，已經在加州通過。

在公共治理制度的設計上，東方比較重視權威、傳統和菁英統治，西方則比較重視普遍性的投票和公民參與。制度的不同，往往造成了猜忌和對立。有鑑於此，本書請吳建忠博士將中國大陸部分地區實施審議式（大陸稱為協商式）民主的方式和特色，很詳盡地在第四章描述出來。或許這可以讓大家瞭解，有些制度的設計，即使在不同政體的社會也都有其實用性和可行性。基本上，一個國家與其讓名嘴和媒體來設定社會對話的議題、立場和內容，或與其單方面地讓政府官員關起門來決定政策內容，在很多的情況上，改由具統計上代表性的公民直接來開會討論，更具正當性和實效。

中國大陸的經驗顯示，審議式民主用於與民眾居住地息息相關的地方性公共建設，有其重要功用。浙江省溫嶺市澤國鎮就是這樣決定當地公共建設預算的優先順序，而且從 2005 年一直到

現在都是如此。

筆者曾經訪問過該鎮；所訪談過的一位地方官員告訴我，一開始舉行隨機抽樣的時候，很多居民不相信這是真的抽樣，而懷疑這是政府找樣板家庭來演戲，形同政令宣導。但後來政府在公眾集會場合，當場把編有號碼的乒乓球，放在透明的箱子裡，當眾抽家庭號碼，大家才相信。十餘年下來，現在澤國鎮的鎮民，已經充分瞭解並接受整個程序的實際功效。

事實上，對於中國大陸而言，審議式民主應當有其極高的重要性。如果大陸各鄉鎮普遍實施這個制度來決定地方公共建設預算的優先順序，將是民主生根的突破。

非但如此，中國大陸基本上在很多領域、很多階層都需要開「榮團會」，或建立類似「榮團會」的管道，讓一般人民或團體成員的意見，可以在沒有民粹疑慮，而且偏向於理性和知性的成分下，真實地反應出來。對中國大陸的各階層領導人而言，「民意」應當是很重要的。要瞭解民意，可以直接用「民意調查」，但這種方式有其盲點——其結果往往會受到題目的用字、當時媒體報導或受訪者對於議題瞭解程度的影響。如果是淺薄易解的題目可能還管用，對於深一點的議題，民意調查的結果可能不穩定，也可能沒有太大參考意義。

但審議（協商）式民主就不同了。如本書前面內容所示，審議民主是先舉行一次民調（前測），然後經過集會、小組討論、專家回答問題……等程序，最後再舉行問卷調查（後測）。第二個調查就是人民或團體成員在對議題具有相當瞭解且曾經深入論

辯後，所反應的民意，執政者不能不重視。

中國大陸目前在基層以上較缺乏有競爭性的選舉機制，在這種情況下，不難想像有系統地蒐集民意應當是政權維繫的必需品。事實上，每個省（市）的每個縣（市），均應定期就各個影響人民生活的領域，包含交通、住房、子女教育、醫療、衛生與環境……等，做審慎式民主的調查，來瞭解轄區居民的反應，作為未來施政的重要參考。

省市如此，跨區域的全國性服務或議題，包含高鐵（動車）、傳統鐵路、航空、公路運輸、食品安全、能源供應……等，也都應對全國服務使用者，定期實施審議民主的調查和集會。提供這些服務的公民營機構或事業應把調查的具體結果，列為未來修訂服務模式或制度設計的主要參考。

香港是另外一個應當認真考慮引入審議（港譯為「慎思」）式民主的地方。近年來香港為了如何選舉特首以及其他的政治制度議題爭論不休，也出現過多次抗爭。如果香港真要做選舉改革，而且想成為優良民主制度的試金石，何不先思考引入審議民主的方式，來處理預算和地方性公共議題？然後再考慮將此模式擴大到成為代議式民主的另一種選擇或補強？全球很多地方很想做政治改革，但既有的模式，例如：缺乏近距離接觸候選人的普選制度和無法實質反應選民需求的代議制度，一旦成形，往往很難再改變，如同覆水難收。香港還在摸索新的制度，是試驗優質民主制度的最佳場所，何不一試？（參見朱雲鵬，2013）

第 5 節　堆疊出理想國的一塊磚

當然，從小規模、個別議題起家的審議式民主，究竟如何能夠有效嵌入現存的不同政治體制，進而達到優化公共治理的目標，還是一個需要長期密切研究和實證的命題，絕非一蹴可幾。例如：在美國行之有年的陪審團制度，其先決條件就是立法規定，擔任陪審團成員是美國公民的義務；被隨機抽樣選出，且經涉訟雙方律師同意的陪審團成員，無正當理由不得拒絕擔任。審議式民主要能有效施行，也應當有類似的法律基礎，雖然這不可能立刻發生。

但審議式民主可以是未來設計優良公共治理制度的一個好材料。它的潛在應用範圍很廣，可以從企業到社會團體，到政府決策。所以本書是一個嘗試；介紹這個制度，從而希望對各國人民未來尋找理想國，也就是最佳公共治理模式的努力，有所助益。

在台灣，這種制度的實驗，可以說還在襁褓階段。我們希望有很多地方政府和公益社會團體，能多加研究如何推廣這個制度。也希望學術和公益研究團體能夠多蒐集相關材料和聚集相關的專家，以後如果有任何企業、社會團體、政府單位，想要進行類似的審議過程時，可以尋求這些團體的協助。[1]

改革人類的政治制度，優化公共治理，可以說是一個尋夢的過程——如同本書開宗明義所說，從西元前就開始，到現在仍然持續進行，未來何時成真，沒有人知道。但我們確實知道的是，與其耽於現狀，繼續看到社會的沉淪、盲目民粹的盛行，不如設法改變制度。

註 釋

1. 有一名為「台灣審議民主研究會」的民間團體已經成立。

參考文獻

一、中文

工業技術研究院（2016a），「美國因應溫室氣體減量之發展趨勢」，經濟部能源局。http：//www.eigic-estc.com.tw/Downloads/ForeignPolicy/usa.pdf

工業技術研究院（2016b），「歐盟因應溫室氣體減量之發展趨勢」，經濟部能源局。http：//www.eigic-estc.com.tw/Downloads/ForeignPolicy/europe.pdf

工業技術研究院（2016c），「英國因應溫室氣體減量之發展趨勢」，經濟部能源局。http：//www.eigic-estc.com.tw/Downloads/ForeignPolicy/uk.pdf

工業技術研究院（2016d），「日本因應溫室氣體減量之發展趨勢」，經濟部能源局。http：//www.eigic-estc.com.tw/Downloads/ForeignPolicy/japan.pdf

中央社（2016），「日本愛媛縣伊方核電廠 3 號機重啓了」，聯合新聞網。http：//udn.com/news/story/5/1890982

中共溫嶺市委（2001），《關於進一步深化民主懇談活動加強思想政治工作推進基層民主政治建設的意見》。

中共溫嶺市委（2002），《關於進一步深化民主懇談推進基層民主建設的意見》。

中華經濟研究院（2013），「審議式民主工作坊—能源政策」，行政院研究發展考核委員會委託執行。

王京明（2013），「德國電力市場與再生能源發展之省思」，中華經濟研究院。

王珊（2013），「南韓政府計劃修改能源政策放慢核電發展速度」，國際在線。http：//big5.cri.cn/gate/big5/gb.cri.cn/42071/2013/10/14/6071s4283983.htm

曲兆祥、吳建忠（2010），「中國大陸鄉鎮人大改革的實驗－以浙江溫嶺市鄉鎮『民主懇談會』為例」，《中國大陸研究》第 53 卷，第 3 期。

朱雲鵬（2011），「慎議式公共選擇：尋找一個符合王道精神的決策模式」，中華文化總會：王道文化與公義社會研討會。

朱雲鵬（2013），「香港政治可否採用慎思民主」，《中國評論》第 191 期，頁 53-55。

朱聖明（2011），「參與式預算之澤國實驗：抽樣民主與代議民主的結合」，《21 世紀國際評論》第三輯。http://blog.sina.com.cn/s/blog_697102cf0100qflh.html

朱聖明（2013），「溫嶺參與式預算基本經驗探析」，《地方財政研究》2013 年第 4 期。http://www.dfczyj.com/Article/ShowArticle.asp?ArticleID=992

何叔憶（2013），「世界主要國家節能減碳」，經濟部能源局。

余莓莓、黃琬珺（2013），「核四公投的民主理想與現實困境」，《台灣國際研究季刊》，第 9 卷，第 4 期，頁 179-199。

吳建忠（2011），〈中國大陸鄉鎮人大改革的邏輯──以浙江溫嶺市新河鎮「參與式預算」為例〉，台灣師大博士論文（未出版）。

吳福成（2008），「Cool Earth 推進構想－日本積極主導全球氣候變遷議題」，經濟部能源局。http：//energymonthly.tier.org.tw/outdatecontent.asp?ReportIssue=200803&Page=27

李凡（2016），《中國參與式預算、觀點與實踐》，世界與中國出版社。

和佳（2013），「碳排放量不降反升德國能源轉型拉響警報」，新華網。http：//big5.xinhuanet.com/gate/big5/news.xinhuanet.com/energy/2013-09/16/c_125392097.htm

林妙香（2007），「90-93 年度國中基測量尺及等化程序之個案研究」，《中國統計學》，第 45 卷，第 4 期，頁 402-436。

林國明（2009），「國家公民社會與審議民主：公民會議在台灣的發展經驗」，《台灣社會學》，第 17 期，頁 161-217。

林國明、陳東升（2003），「公民會議與審議民主：全民健保的公民參與經驗」，《台灣社會學》，第 6 期，頁 61-118。

林國明、黃東益（2004），「公民參與模式及其運用」，行政院衛生署，《公民參與：審議民主的實踐與全民健康保險政策》，頁 215-239。

林應榮（2010），「民主懇談與地方人大」，中國人大網：www.npc.gov.cn。

胡祖慶（譯）（1996），《西洋政治思想史》，（原作者：Jean Touchard）。台北市：五南。（原著出版年：1959）

苟燕楠、王逸帥（2009），「參與式預算：國際經驗與中國實踐」，上海復旦大學《復旦公共行政評論》。http://www.sirpalib.fudan.edu.cn/_upload/article/74/a4/61c36a914db794718197612734f8/1e52c41e-7151-4fa6-a949-d056915e83ec.pdf

英國貿易文化辦事處（2009），「英國領先推出低碳經濟轉型方案」，產業永續發展整合資訊網。https://proj.ftis.org.tw/isdn/News/Detail/BA37C90F93E4D3EC

郎友興（2008），「中國式的公民會議與地方治理：浙江省溫嶺市民主懇談會的經驗」。http://www.umac.mo/fss/pa/3rd_conference/doc/all%20paper/Chinese%20Paper/3panelG/Lang%20Youxing.pdf

徐彪豪（2016），「美國最高法院裁定暫停執行環保署清潔電力計畫」。台北：資策會科技法律研究所。

能源局（2008），「永續能源政策綱領」，經濟部能源局。https://www.

moeaboe.gov.tw/ECW/main/content/wHandEditorFile.ashx?file_id=1957

能源局（2017），「電業法修正案三讀通過經長：綠電先行，邁向 2025 非核家園的里程碑」，經濟部能源局。https：//www.moeaboe.gov.tw/ ECW/populace/news/News.aspx?kind=1&menu_id=41&news_id=4601

張素美（2008），「歐盟能源政策概況」，經濟部能源局：能源報導。

張鈿富、葉連祺和張奕華（2005），「大學多元入學方案對入學機會之影響」，《教育政策論壇》，第 8 卷，第 2 期，頁 1-23。

教改論壇（2013），《圖解你該知道的十二年國教》，台北：商周出版。

梁啓源（2013），「油電價格調整與核能政策爭議」，公平交易委員會。

梁啓源（2016），「追求能源多元化願景」，2016 第十五屆吳大猷科學營。

陳奕敏（2012），「從『民主懇談』到『參與式預算』—公民參與的溫嶺模式」：http：//docs.china-europa-forum.net/doc_582.pdf

陳奕敏（2015），「聚焦：參與式預算的路徑與前景」，《學習時報》。

陳柏聖（2016），「奧巴馬重挫清潔電力計劃遭最高法凍結」，阿波羅新聞。http：//tw.aboluowang.com/2016/0211/690597.html

黃東益、鍾道明（2005），「高鐵財務融資爭議與議程設定之研究」，《逢甲人文社會學報》，第 11 期，頁 281-309。

翟慰宗（2014），「出席第四屆亞洲永續發展、能源及環境研討會議」，交通部運輸研究所。

台灣大學公共政策及法律研究中心（2012），「教育政策制定程序建議書」。

趙家緯（2014），「歐盟《2030 年氣候與能源政策綱要》研擬現況分析」，工業技術研究院。

趙衛武（2014），「美國環保署清潔電力計畫之綜合報導」。美國：駐美代表處。

劉明德、徐玉珍（2012），「台灣亟需有遠見的再生能源政策與做法—德國經驗的啟示」，《公共行政學報》，第 43 期，頁 127-150。

劉國忠（2010），「歐盟及英國氣候變遷政策及法案」，全國工業總會。

潘子欽（2011），「國際火力電廠 CO_2 排放標準現況及我國推動做法之建議」，工業技術研究院。

蔡炯青、黃瓊儀（2002），「公共政策議題的議程設定研究—以「台北市垃圾費隨袋徵收」政策為例」，中華傳播學會年會，台北。

蔣華春（2010），「民主懇談與基層人大工作相結合的探索和實踐」，溫嶺人大網：http://www.wlrd.gov.cn/show.asp?sid=1215

魯炳炎（2009），「從多元流程觀點談蘇花高興建決策之議程設定與政策選擇」，《東吳政治學報》，第 27 卷，第 4 期，頁 171-240。

蕭瓊茹（2014），「美國電力業排放標準介紹」。台北：環科工程顧問股份有限公司。

環保署（2016），「中華民國（台灣）國家自定預期貢獻（INDC）（核定本）」，行政院。

聯合新聞網（2016），「311 五週年　安倍：日本不能沒核電　重啟計畫不變」，聯合新聞網。http：//www.cw.com.tw/article/article.action?id=5075037

闕棟鴻（2015），「德國能源轉型的現況與展望—發布至 2016 年能源規劃藍圖，持續進行再生能源等各領域之改革」，工業技術研究院。

蘇顯揚（2015），「日本公布最適電源結構方案與衍生的台日合作」，全球台商 e 焦點電子報。

二、英文

Abts , Koen, and Stefan Rummens (2007), "Populism versus Democracy", *Political Studies*, vol. 55, Issue 2, pp. 405-424.

Bardhan, Pranab K. (2012), *Awakening Giants: Feet of Clay: Assessing the Economic Rise of China and India*, Princeton: Princeton University Press.

Berggruen, Nicholas and Nathan Gardels (2013a) , "Political Meritocracy and Direct Democracy: A Hybrid Experiment in California", in Daniel Bell and Chenyang Li (eds.) , *The East Asian Challenge for Democracy: Political Meritocracy in Comparative Perspective*, Cambridge: Cambridge University Press., pp. 375-394.

Berggruen, Nicholas and Nathan Gardels (2013b) , *Intelligent Governance for the 21st Century: A Middle Way between the West and East*, N.Y: John Wiley & Sons.

BSC (Blue-Ocean Content and Strategy) (2008), *National Basic Energy Plan, Korea (2008-2030)*. http: //www.energyplus.or.kr/pdf/11_ing/110207_t2.pdf

Chen, Janet (2016), "Germany Passes Reform of Renewable Energy Source Act, FiT Subsidy to Phased out", *Energy Trend*. http: //pv.energytrend.com/news/Germany_Passes_Reform_of_RESA_FiT_Subsidy_to_Phased_out.html

Chu, Yun-Peng (2015), "Taiwan's Lost Decades: Populism and Internal Contradiction," in Yun-Peng Chu (ed.), *The Lost Decade in Growth Performance: Causes and the Cases of Japan, Korea and Taiwan*, London: Palgrave-Macmillan, pp. 113-163.

Cobb, Roger. W. (1983), *Participation in American Politics: The Dynamics of Agenda Building*. Baltimore: John Hopkins University Press.

Doris, Elizabeth, Jaquelin Cochran, and Martin Vorum, (2009), "Energy Efficiency Policy in the United States: Overview of Trends at Different Levels of Government," *NREL Technical Report*, http: //www.nrel.gov/docs/fy10osti/46532.pdf

DTI (Department of Trade and Industry) (2007), *Meeting the Energy Chal-*

lenge A White Paper on Energy, Department of Trade and Industry, www. nemo-link.com/pdf/cpo/The_Energy_White_Paper_2007_(CM_7124). pdf

EU, (2006), "GREEN PAPER-A European Strategy for Sustainable, Competitive and Secure Energy", Commission of the European Communities.

EU, (2009), "Council adopts climate-energy legislative package", Council of the European Union.

EU, (2014), "2030 Climate and Energy Framework", European Commission.https: //ec.europa.eu/clima/policies/strategies/2030_en

Fearon, James D. (1998), "Deliberation as Discussion", In John Elster (ed.), *Deliberative Democracy*, Cambridge: Cambridge University Press.

Fishkin, James S. (1991), *Democracy and Deliberation: New Directions for Democratic Reform*, New Haven: Yale University Press.

Fishkin, James S. (2014), "Applying Deliberative Democracy: From Theory to Practice", presented at the Public Governance and Avoidance of Country Risks Conference, Taipei: Taiwan Insurance Guarantee Fund.

Fishkin, James S., Baogang He, Robert C. Luskin, and Alice Siu, (2010), "Deliberative Democracy in an Unlikely Place: Deliberative Polling in China", *British Journal of Political Science*, vol. 40, no. 2, pp. 435-448.

Handlin, Samuel, 2017, *State Crisis in Fragile Democracies: Polarization and Political Regimes in South America*, Cambridge, UK: Cambridge University Press.

He, Baogang (2011), "Civic Engagement Through Participatory Budgeting in China : Three Different Logics at Work", *Public Administration and Development*, vol. 31, no. 2, pp. 122-133.

He, Baogang (2014a), "Deliberative Culture and Politics: the Persistence of Authoritarian Deliberation in China", *Political Theory*, vol. 42, no. 1, pp. 58-81.

He, Baogang (2014b), "From Village Election to Village Deliberation in Rural China: Case Study of a Deliberative Democracy Experiment", *Journal of Chinese Political Science*, vol. 19, no. 2, pp. 133-150.

IEA (International Energy Agency) (2016), *Electricity Information* (2015 Edition), IEA.

IPCC (Intergovernmental Panel on Climate Change) (2012), "Special Report on Renewable Energy Sources and Climate Change Mitigation", IPCC.

Jang, Se Young (2015), "The Repercussions of South Korea's Pro-Nuclear Energy Policy", *The Diplomat*. http: //thediplomat.com/2015/10/the-repercussions-of-south-koreas-pro-nuclear-energy-policy/

Keane, John, 2013, *Democracy and Media Decadence*, Cambridge UK: Cambridge University Press.

Kohli, Atul, 1991, *Democracy and Discontent: India's Growing Crisis of Governability*, Cambridge, UK: Cambridge University Press.

Lee, Wei-chin (2011), "Mediated Politics in Taiwan Political Talk Shows and Democracy", *Taiwan Journal of Democracy*, vol. 7, no. 2, pp. 49-67.

McKelvey, Richard D. (2009), "Intransitivities in Multidimentional Voting Models and Some Implications for Agenda Control", *Journal of Economic Theory*, vol. 12, p.472.

METI (Ministry of Economy, Trade and Industry) (2008), "Cool Earth-Innovative Energy Technology Program", Ministry of Economy, Trade and Industry. http: //www.meti.go.jp/english/newtopics/data/

pdf/031320CoolEarth.pdf

MOFA (Ministry of Foreign Affairs) (2008), "New Proposal on Climate Change", *Cool Earth 50*, Ministry of Foreign Affairs of Japan. http: //www. mofa.go.jp/policy/environment/warm/coolearth50/

Moffitt, Benjamin, 2016, *The Global Rise of Populism: Performance, Political Style, and Representation*, Stanford, Stanford University. Press.

MOTIE (Ministry of Trade, Industry and Energy) (2015), "The 7th Basic Plan for Long-term Electricity Supply and Demand (2015-2029)", KPX. https: //www.kpx.or.kr/eng/downloadBbsFile.do?atchmnflNo=26448

Ogleby, George (2017), "EXCLUSIVE: US withdrawal from Paris Agreement 'could happen any day', says Trump aide", *edie.net*. https: //www. euractiv.com/section/climate-environment/news/trump-aide-us-withdrawal-from-paris-agreement-could-happen-any-day/

Pateman, Carole, 2012, "Participatory Democracy Revisited", *Perspectives on Politics*, vol. 10, No.1, pp.7-19.

Rosefielde, Steven and Daniel Quinn Mills, 2014, *Democracy and its Elected Enemies: American Political Capture and Economic Decline*, Cambridge Cambridge University Press.

Rowbottom, Jacob, 2010, *Democracy Distorted: Wealth, Influence and Democratic Politics*, Cambridge Cambridge University Press.

Sartori, Giovanni (1987), *The Theory of Democracy Revisited*, New Jersey Chatham House Pub.

UK (2008), "Climate Change Act 2008", TSO (The Stationery Office), http: //www.legislation.gov.uk/ukpga/2008/27/contents

UK (2009), "The UK Low Carbon Transition Plan", TSO (The Stationery Office) https: //www.gov.uk/government/publications/the-uk-low-carbontransition-plan-national-strategy-for-climate-and-energy

WNA (World Nuclear Association) (2016), *World Nuclear Performance Report 2016*. World Nuclear Association.

WNA (World Nuclear Association) (2017), *Nuclear Power in the United Kingdom*, World Nuclear Association. http: //www.world-nuclear.org/information-library/country-profiles/countries-t-z/united-kingdom.aspx

Wouter, Poortinga, Nick F. Pidgeon, Stuart Capstick, and Midori Aoyagi (2013), "Public Attitudes to Nuclear Power and Climate Change in Britain after Fukishima", UK Energy Research Centre.

Yanagisawa, Akira, Momoko Aoshima and Kokichi Ito (2015), "Toward Choosing Energy Mix", The Institute of Energy Economics, Japan.

Yuji, Matsuo (2015), "Japan's Energy and Nuclear Strategies", The Institute of Energy Economics, Japan.

博雅文庫 190

理想國的磚塊：當盲目民粹遇到審議民主

作　　　者　朱雲鵬　王立昇　吳中書　鄭睿合　吳建忠
發 行 人　楊榮川
總 經 理　楊士清
副總編輯暨責編　張毓芬
文字校對　周亭均　許宸瑞
封面設計　林家銘（複眼印象）　姚孝慈
出 版 者　五南圖書出版股份有限公司
地　　　址　106 台北市大安區和平東路二段 339 號 4 樓
電　　　話　(02)2705-5066
傳　　　真　(02)2706-6100
劃撥帳號　01068953
戶　　　名　五南圖書出版股份有限公司
網　　　址　http://www.wunan.com.tw
電子郵件　wunan@wunan.com.tw
法律顧問　林勝安律師事務所 林勝安律師
出版日期　2017 年 10 月初版一刷
定　　　價　新臺幣 350 元

國家圖書館出版品預行編目資料

理想國的磚塊：當盲目民粹遇到審議民主/朱雲
鵬等合著；-- 初版 . -- 臺北市：五南，2017.10
　面；　公分
ISBN 978-957-11-9307- 6（平裝）

1. 民主政治 2. 民意 3. 民粹主義

571.6　　　　　　　　　　106012657